Inhaltsverzeichnis: 12 Gesetze der Erziehung

Einleitung

Gesetze sind im wissenschaftlichen, nicht juristischen Sinn, die tragenden inneren Zusammenhänge eines Geschehens, die dafür sorgen, dass es sich innerlich, von seinem Wesen her immer auf die gleiche Weise wiederholt, unabhängig davon, dass seine äußerliche, konkrete Erscheinung jedes Mal wechseln kann.

Die Welt ist unübersichtlich. Deswegen ist dieses Wissen Macht. Es kann das Gesetz unseres Handelns werden. Aber wir dürfen nicht vergessen: Es kommt auf den Gesichtspunkt der Betrachtung an. Ich hätte diese Gesetze auch anders nummerieren können und sie sind auch noch keinesfalls vollständig.

Mir geht es darum, das eigene Nachdenken all derer anzuregen, die sich als Eltern, Großeltern oder Pädagogen für Erziehung interessieren. Inhaltliche Vollständigkeit kann ich genauso wenig leisten, wie es jemandem gelingen könnte, nur richtig zu erziehen. Fehler sind menschlich, eine Binsenweisheit, aber gerade in Erziehungsfragen müssen wir uns vor der Fehlerangst hüten. Wir fangen sonst an, undeutlich zu werden – wie ein Kind, das sich der Richtigkeit seiner Antwort nicht sicher ist und sie deswegen nuschelt. Das ist der Hauptgrund für das Scheitern, dieser Halbmut, der aus der eigenen Unzufriedenheit heraus zuweilen in Unmut umschlägt. Dabei würden Kinder auch ein Nein verkraften, wenn wir es mit Lebensmut nur freundlich, klar und eindeutig sagten.

Sie können mich gern korrigieren und ergänzen. Schreiben Sie mir eine E-Mail: dr.ralfhickethier@web.de. Ich bin dankbar für jeden Hinweis. Allerdings bin ich wie wir alle: Ich kann Kritik besser annehmen, wenn Sie mir zugleich sagen, was Sie für gut und richtig, für kreativ und neu halten an dem, was ich schreibe.

Das ist im Übrigen auch ein Gesetz der Erziehung: Konstruktiv ist eine Kritik (ein Tadel, eine Zurückweisung, etwas „abzuspachteln") nur, wenn zuvor – im Falle von Eltern, Erziehern und Lehrern nicht unbedingt in diesem Moment, sondern am besten regelmäßig alltäglich – etwas aufgebaut, sozusagen aufgetragen wurde an Anerkennung und Bestärkung.

Diese 12 Gesetze durchdringen sich gegenseitig. Sie sind wie verschiedene Schnitte eines Naturforschers durch den gleichen Stängel. Bitte versuchen Sie, die übrigen Gesetze mitzudenken, wenn Sie eines so umfassend wie möglich verstehen wollen.

Das 1. Gesetz: Ohne Liebe zur Welt, aus der wir kommen, geht gar nichts

Nur das, was wir mit Liebe annehmen, wie es ist, können wir verändern

Es gibt ernst zu nehmende Leute wie den Kinder- und Jugendpsychiater und Bestsellerautor Michael Winterhoff, die warnen vor Elternschulen. Ich bin da auch skeptisch, wenn jemand „Tipps“ und „Kniffe“ zur Erziehung hören will. Die passen zu einzelnen Situationen und bestimmten Kindern. Es ist aber gefährlich, sie zu verallgemeinern. Ich habe im Laufe der Jahre Respekt vor der Natur gelernt. Auch vor der menschlichen Natur. Ich bin und bleibe zwar Optimist, dass wir durch Erziehung vieles bessern können und es den Versuch dazu allemal wert ist.
Trotzdem: Die grundsätzliche Art und Weise unseres Fühlens und Denkens ist uns von Geburt an vorgegeben. Wir sind alle geprägt durch unsere Erfahrungen, auch die unserer Vorfahren, wenn sie für sie von existentieller Bedeutung waren. (Dass solche Erfahrungen unser Erbgut verändern, steht inzwischen aus neurobiologischer Sicht fest.)

WER DAS LEBEN LIEBEN WILL, MUSS SICH SELBST LIEBEN UND WER SICH SELBST LIEBEN WILL, MUSS SEINE VORFAHREN LIEBEN. Die eigenen Vorfahren bestimmen wesentlich unsere Eigenarten, je jünger wir sind, desto mehr: So sind wir, kein Gott hat uns vor unserer Geburt gefragt, ob wir eher aufbrausend oder schwermütig sein möchten, eher musisch oder technisch begabt, zum Beispiel. So etwas haben wir alle einfach mit auf den Weg bekommen, mehr oder weniger, das Gute wie das Schlechte, das Liebe wie das Böse.
Machen wir was draus! Das geht, wenn wir unsere „Grundausstattung“ lieben, nur dann können wir das Gute an ihr finden, annehmen und ausbauen. Das ist das Beste, was wir tun können, denn wir müssen sowieso damit leben (lernen).
Wir sind also von „Haus aus“ ganz unterschiedlich, nicht nur hinsichtlich unserer Augenfarben, unserer Blutgruppen, sondern erst recht hinsichtlich der Eigenarten unseres persönlichen Erlebens und Denkens. Je höher etwas entwickelt ist, desto mehr unterscheidet es sich von Individuum zu Individuum. Das ist schon von Anbeginn an so.

Diese Ausdifferenzierung nimmt im Laufe eines Lebens noch zu, vor allem durch die prägenden Erfahrungen unserer Kinderjahre, besonders der ersten. Unsere Seele ist dann wie Asphalt im Hochsommer, ausgeliefert den Eindrücken ihrer Welt. Aufgrund dieser unterschiedlichen Vorerfahrungen insgesamt – derer im eigenen Leben, einschließlich unserer Zeit als Embryo, wie in den Leben unserer Vorfahren – kann bei dem einen Kind die erzieherische Maßnahme gut und richtig sein, die beim anderen Gift ist.

Viel wichtiger als konkrete, einzelne Erziehungsmaßnahmen („Tipps" und „Kniffe") sind also die Grundzusammenhänge, die Gesetze des „Fachs" Erziehung. Sie gelten immer und wenn wir sie verstehen, können wir uns selbst herleiten, was für unser Kind in einer bestimmten Situation passt. (Das ist wie bei Prüfungen: Antworten auf einzelne Fragen auswendig zu lernen, nutzt nichts. Haben wir aber die Grundzusammenhänge des Fachs auf unsere eigene Weise verstanden, können wir uns jede geforderte Antwort selbst immer wieder neu kreieren.)

Das erste Gesetz ist klar: Ohne Liebe geht gar nichts, ohne Liebe zu sich selbst, seinen Vorfahren, zur Welt, seinen Partnern und zum Kind. Wer das Leben nicht mag, verbittert und verbiestert ist, wird nie und nimmer gut erziehen können. Hoffentlich schafft er sich keine Kinder an und hoffentlich ist er bereit, die Liebe und die Freude am Leben wieder neu zu lernen, wenn sie geschwächt sind und er schon Kinder hat.

DER MENSCH IST DAS SCHÖNSTE AN DER NATUR. Wie kann ich mich wieder neu stärken, Freude am Leben neu lernen, damit ich gut erziehe? Für mich ist sicher: Der Mensch ist für den Menschen das Wichtigste, auch und gerade für die Lebensfreude. Es gibt Menschen, die enttäuscht sind von ihren Mitmenschen, die meinen, einsame Wälder, schöne Landschaften oder treue Tiere würden sie mehr stärken. Ich habe dafür viel übrig und jeder, der Menschen liebt, sollte trotzdem seine Ruhe- und Auszeiten in der stillen Natur haben oder in der Verbundenheit mit einem vertrauten Haustier.

Aber was gefällt uns denn besonders an der Natur? Der schöne Gesang der Vögel, das Blühen der Pflanzen, die Anschmiegsamkeit von Katz oder Hund? Das läuft alles wieder auf Beziehung hinaus: Die Vögel singen, um Partner anzulocken, die Pflanzen blühen, damit die Bienen kommen und Hund oder Katz wollen Streicheleinheiten. Sicher, zum Leben gehört auch der Tod, von vornherein, und deswegen gefällt uns auch das Ruhige, Verdämmernde, das sanfte Säuseln der Blätter im Wind, das heilige Schweigen schneebedeckter Landschaften im Winter: „Warte nur, balde ruhest du auch“.

Das 2. Gesetz: Das Wichtigste für den Menschen ist der andere Mensch

Nur in der Beziehung zum Mitmenschen lernen wir Menschlichkeit

Primär stoßen wir in der angeblich einsamen Natur auch auf Beziehung von Geschöpf zu Geschöpf, auf Liebe. Außerdem ist der Mensch sowieso selbst Natur, ihr höchstes Produkt. Wir sollten also nicht aufhören, Beziehung zu ihm, zum Mitmenschen zu suchen, zu pflegen und zu gestalten. Das ist das 2. Gesetz: Nur in der Beziehung zum Mitmenschen, im Offensein für ihn, können wir uns stärken. Wenn uns das nicht gelingt, wenn wir nicht lieben und geliebt werden, sind wir traurig und haben nur wenig Freude am Leben. Dann können wir auch nicht gut erziehen.

BEZIEHUNGSFÄHIG ZU SEIN, HEISST NICHT, IM ANDEREN AUFZUGEHEN – IM GEGENTEIL. Aber wir dürfen den anderen nicht vereinnahmen wollen und uns nicht vereinnahmen lassen von ihm. Das wäre keine Beziehung, keine Brücke mehr, sondern ein einzelner Pfeiler, der auf Kosten des anderen immer „dicker" und mächtiger wird. (Eltern müssen Eltern bleiben und Kinder Kinder, siehe das 5. und 6. Gesetz.)
So ist es zum Beispiel auch mit unserer alltäglichen Musikberieselung im Radio. Sie ist absolut nicht inter-national, das setzte ja Beziehungen zwischen den Nationen voraus, wobei die eigene dabei Ausgangs- und Endpunkt sein müsste. Anstatt dessen geht es bei uns von einem englischsprachigen zu einem anderen englischsprachigen Lied. Ich bin gespannt, wie lange wir dazwischen noch – überwiegend – deutsch reden.
Das ist das eine Problem beim Versuch zu lieben: Sich dem anderen in den Rachen zu werfen oder ihn „fressen" zu wollen. (Das Letztere ist uns, den Deutschen, in unserer Geschichte gründlich misslungen, weshalb wir jetzt wohl das Erste genauso gründlich versuchen.)

SICH ÖFFNEN UND TROTZDEM MAN/FRAU SELBST BLEIBEN. Das andere Problem: Wenn wir tatsächlich Brücken schlagen, Beziehungen eingehen, uns also öffnen für den anderen, Eigenes herauslassen und Fremdes rein, machen wir uns angreifbar. Der Stoffwechsel des Lebens ist aber die Voraussetzung für Wachstum, je höher seine Nährwert-Chancen sind, desto mehr Risiken gehen wir damit zugleich auch ein: Es kommt nicht

nur das Stärkende, Nährende zurück, zwangsläufig „mogelt“ sich auch Schwerverdauliches, sogar Krankmachendes mit ein.
Aber wer leben, wer wachsen will, hat keine Wahl, er muss sich öffnen, auch um den Preis der Vergiftung. Diese Gefahr ist in einer egozentrierten Welt gestiegen. Die Leninsche Maxime: „Vertrauen ist gut, Kontrolle ist besser“ dominiert das Lebensgefühl unserer Zeit. In Bezug auf die Liebe müsste es gerade umgedreht sein: Kontrolle ist gut, Vertrauen ist besser. Wer das als Mutter oder Vater nicht erst einmal grundsätzlich glauben kann und in der Tiefe der Beziehung zu seinen Kindern praktiziert, hat schon verloren.
Was auch passiert, du bleibst mein geliebtes Kind; das müsste erst einmal ganz sicher sein. Ich bin deine Mama/dein Papa – für immer! Nur auf dieser Grundlage ist es dann in einzelnen, konkreten Situationen gut und richtig, nach der Devise zu handeln: „Vertrauen ist gut, Kontrolle ist besser“: „Hast du deine Hausaufgaben gemacht? Zeig' mir das Heft!“
Und dann geht es nicht darum, ob alles stimmt und dass sich die Eltern im ewigen Suchen nach der richtigen Lösung aufreiben, sondern es geht um die Form, um das ehrliche Bemühen. Viele Eltern sind hier in die Defensive geraten. Sie wollten zuerst zu viel und weil das nicht ging, lassen sie es nun ganz.
Wer sich aber nicht traut, auf der Grundlage eines großen Vertrauens, einer ruhigen Lebensgewissheit konkret-praktisch offensiv zu erziehen und zwar rechtzeitig, der ist gefährdet, später irgendwann die Mutter/Vater-Kind-Beziehung generell in Frage zu stellen: Ich halte das nicht mehr aus mit dir! Dann hau' doch ab in die WG! Da hätten wir es wieder, das Kappen von Beziehungen als typischen Weg der Konfliktlösung in Deutschland.

Das 3. Gesetz: Körperlichkeit ist die Grundlage jeder Beziehungsfähigkeit

Nur das, was wir – auch – mit der Hand greifen konnten, begreifen wir

Sie haben das 2. Gesetz gerade gelesen. Aber vielleicht geht es Ihnen wie mir. Bevor ich weiter fortschreite in der Erkenntnis, muss und will ich mich des Verstandenen vergewissern, so dass ich das Neue besser einordnen kann. Das ist so wie wenn Eltern ein neues Kind bekommen. Gerade dann sollten sie sich der vorherigen vergewissern, sie bewusst zur Kenntnis nehmen, anschauen, umfassen (erfassen) und verstehen.
Und gerade erst durch diese Vernetzung werden neue Gedanken heimisch, erhalten sie Bindung, Halt und aus der Kraft des Ganzen, das sie nun angereichert haben, Wirkungsmacht, nicht aus sich selbst allein heraus. Deswegen werde ich öfter zu Beginn eines neuen Gesetzes, das oder die vorangegangenen mit etwas anderen Worten resümieren. Ich tue es jetzt für das 2. Gesetz: Nur wer Lebensmut hat, wer sich geliebt und gestärkt weiß von seinen Mitmenschen, wer sich für diese öffnet und beziehungsfähig ist, kann gut erziehen. Wir leben aber in einer Zeit übersättigten Unmuts. Die Angst grassiert, zu kurz zu kommen und etwas zu verpassen.

DIE BEZIEHUNG ZU GEGENSTÄNDEN GELINGT LEICHTER ALS DIE ZU MENSCHEN. Das liegt an der technischen Entwicklung, genauer gesagt, an unserer Unfähigkeit, technische Geräte als Hilfsmittel für Menschliches zu benutzen, anstatt sie selbst zu vermenschlichen (bzw. uns zu „vergerätisieren“). Fernseher und Computer sind gut, wenn wir nicht vergessen, sie rechtzeitig wieder auszuschalten. Autos sind gut, wenn wir sie auch mal stehen lassen. Aber das ist schwer. Die Versuchung der Bequemlichkeit ist groß: Lebende Wesen wollen ihre Bedürfnisse so direkt und so schnell wie möglich befriedigen. Das gelingt uns Menschen in der Beziehung zu Gegenständen leichter als in der zu anderen Menschen, vor allem dann, wenn diese Gegenstände per Knopfdruck aktiv werden und etwas für uns leisten. Geräte bieten uns mit einem Klick eine schöne künstliche Welt, ähnlich wie Alkohol und andere Drogen das tun.
Anstatt wirkliche Familienbeziehungen zu leben, schauen wir im Fernsehen z.B. lieber Familienserien im rosa-roten Licht. Anstatt sich zu for-

dern, z.B. beim Sport, feiern Jungen ihre Siege lieber im Computerkampfspiel. Das Siegen ist so als schneller Rausch zu haben, ganz anders als z.B. auf den Holmen eines Turnbarrens. Ich will Computerspiele keinesfalls generell verdammen. Wenn sie Mittel zum Zweck menschlicher Beziehungen bleiben, auch insofern, dass die Eltern sich einklinken und mitspielen und aus einem so gewonnenen Spielgefühl heraus bestimmen, wann Schluss ist, können sie hilfreich sein. Das ist genauso wie beim Fernsehen. Schauen die Kinder nicht zu viel und tauschen sie sich mit ihren Eltern über das Gesehene aus, fördert es ihre Persönlichkeitsentwicklung mehr als dass es sie hemmt.
Geräte funktionieren, sie erlauben uns Parallelwelten, in denen wir „wer" sind. In der Wirklichkeit gelingt das viel seltener. Die Versuchung, unser Leben immer mehr auf eine Beziehung zu Geräten und Maschinen einzuengen, ist desto größer, je weniger wir real und praktisch, also körperlich, in ein Netzwerk menschlicher Beziehungen eingebunden sind.

JA, JA, ICH HAB DICH AUCH LIEB. Und so ist das leider zunehmend in deutschen Familien: Ein Kind sagt zu seiner Mutter: „Ich hab' dich lieb!" Dieses Bekenntnis hat es in allen möglichen Variationen auf viele Zettel gemalt. Es kommt zu seiner Mutter und zeigt ihr diese Liebesbeweise – eher die Beweise seiner Liebessehnsucht. Sie sagt: „Ja, ja, ich dich auch."
Was hätte das Kind gebraucht? In den Arm genommen zu werden. Einfach nur den liebevollen Blick und dann einen ebensolchen Halt auf dem Schoß der Mama. Und vielleicht noch ein sanftes Streichen mit der Hand über seinen Kopf, ein An-sich-Drücken und einen zarten Kuss auf die Stirn oder Nasenspitze. Und das alles mit Zeit, weil es Freude macht, weil es beiden ein Glücksgefühl gibt: Wir halten den Lauf der Welt für einen Moment an, wir gehören zusammen.
Eine solche Auszeit kann man sich im Alltag nicht immer nehmen. Aber schon angedeutete Zeichen der Liebe sind so hilfreich, manchmal sogar nach dem homöopathischen Prinzip wirksamer als das Kraftvolle und Überdeutliche, wenn sie nur regelmäßig immer wieder geschehen: Ein zwar nur kurzes, aber bewusst zugewandtes, liebevolles Lächeln, ein sanftes Berühren der Wange beim Vorbeigehen, vielleicht auch ein kurzes Legen des Armes um die Schultern des Kindes. Alles das sagt ohne Worte, aber wirksamer: Ich hab' dich lieb, mein Kind, du bist mir wichtig. Ich bin gern mit dir zusammen. So etwas zu erleben, gibt Lebensmut und -kraft.

Alte brauchen das nicht minder, aber für Kinder ist es das entscheidende Startpaket für ihren Aufbruch ins Leben. Auch wenn sie älter geworden sind, sollten ihre Eltern und Großeltern nicht aufhören, sie immer wieder zu so einer Portion Liebes- und damit Lebensvergewisserung einzuladen. Anstatt dessen sind sie, Liebende insgesamt, gefährdet, abstrakte Worthülsen im Laufe der Zeit als leicht verfügbaren Ersatz für Rituale und reales, liebevolles Handeln zu „missnutzen". Sie lassen sich energiesparend im Vorbeigehen hinwerfen, das Kind wird damit schnell und „effektiv" abgespeist. („Ja, ja, ich hab' dich auch lieb.")

Die Beziehung von Seele zu Seele braucht aber desto mehr körperlichen Grund und Halt, je jünger oder verunsicherter Menschen sind. Mit Worten können wir lügen. Mit unserem Körper nicht. Deswegen glauben wir der Liebe eines anderen niemals, wenn er sie nur mit Worten kundtut. Dieses Gesetz gilt zwar auch in der sexuell-erotischen Dimension, aber es gilt weit vorher in der Eltern-Kind-Beziehung, der ersten Liebe, die es für ein Kind gibt. Die Kinder sind existentiell darauf angewiesen. Sie sterben, wenn sie nicht wenigstens von irgendwoher eine minimale Dosis liebevoller Berührungen ergattern können.

WER ANGST HAT, SCHOTTET SICH AB BZW. LÄSST ZU, DASS ANDERE DAS TUN. Körperlich ist die Öffnung für den anderen, das Sich-auf-ihn-Einlassen viel spürbarer als nur mit Worten. Das ist ein Risiko. Alles, was wertvoll ist und schön, hat seinen Preis. Die Furcht wächst, dass Eindringlinge sich etwas nehmen, was ihnen nicht zusteht. Immer mehr Menschen heute und hier öffnen sich und z.B. auch ihre Wohnungstür nicht mehr für einen anderen. Das ist durchaus begründet, die Kriminalpolizei warnt zu Recht.

Das Schlimme ist nur, dass damit das Wachstum der Seele behindert wird. Menschen werden immer verschlossener und das sogar zu ihren eigenen Kindern. Misstrauen ist nötig, aber zu viel Misstrauen macht alles kaputt.

„Fass' mich nicht an!" – die misstrauische Distanz, die Atomisierung, das Abgeschlossensein – als wenn wir alle mit einem unsichtbaren elektromagnetischen Schirm um uns herumlaufen – gehört zu dieser Lebenshaltung. Die zunehmende Bindungs- und Beziehungslosigkeit unserer Zeit – das Individuum über alles – beginnt mit einer scheinfortschrittlichen Erziehung.

Eltern und Kinder leben nebeneinander her, aus einem falschen Begriff der Freiheit heraus: Mein Kind weiß selbst am besten, wann es Hunger hat, warum soll ich ihm vorschreiben, dass es mit uns zusammen isst?
Es ist alles „gleich gültig" geworden, die Wünsche der Eltern und die der Kinder. Aufgabe der Eltern wäre es aber, die Familie zusammenzuhalten, ihr Zentrum zu sein (ich komme darauf noch ausführlich zurück).
Verdeutlichen wir uns das an folgendem Beispiel: Ein drei-, vierjähriges Kind sitzt auf dem Schoß von Mama oder Papa. Alt und Jung sind glücklich. Denn das, was Liebe ausmacht, ein Geöffnetsein der Seelen füreinander, findet gerade statt. Mit dem einfachen Wortschatz des Kindes gibt es einen Dialog. Mama/Papa und das Kind schmusen miteinander.
Die Großen halten sicher den warmen Körper der Kleinen. Vielleicht summen sie zusammen eine Melodie oder befinden sich im gemeinsamen Rhythmus einer Hoppe-hoppe-Reiter-Bewegung. Mit einem Mal hat das Kind genug. Es will herunter. Mama oder Papa hätten gern noch ein wenig mehr von diesem Zusammensein.
Was ist jetzt pädagogisch-psychologisch richtig? a) Das Kind herunter zu lassen, denn es ist sein Körper und es muss unbedingt lernen, „Nein" zu sagen. b) Dem Kind selbstbewusst und bestimmt zu sagen: „Bleib noch ein bisschen!" und das praktisch umzusetzen durch den elterlichen Halt. Die Mehrheit der Erziehungsberater und Psychologen sagt a, ich aber sage b, wie z.B. auch die Kinderpsychologin und Bestsellerautorin Jirina Prekop.
Dieses Beispiel hilft Eltern zugleich auch zu verstehen, dass sich die Wissenschaft keineswegs einig ist, und dass sie deshalb lernen müssen, selbst zu urteilen und ihrem eigenen Bauchgefühl zu vertrauen.
Das Bauchgefühl braucht Wissen über die Gesetze des Zusammenlebens und damit auch des Erziehens. Wissen als Grundlage der Entscheidung a) ist in unserer Gesellschaft präsent: Kinder haben Rechte, sie müssen ermutigt werden, nur die Berührungen zu akzeptieren, die ihnen angenehm sind. An Wissen als Grundlage der Entscheidung b) mangelt es.
Es ist nun aber so, dass bei Liebesfragen – und die Beziehung Eltern-Kind ist eine starke Form der Liebe – selten Schwarz-Weiß-Entscheidungen möglich sind. In der Regel geht es darum, was ist richtiger, als es zugleich falsch ist? Sechzig Prozent der Argumente sprechen vielleicht dafür und vierzig dagegen. Die Entscheidung kann in einem konkreten Moment aber nicht „Jein" lauten. Wir müssen uns entscheiden mit dem Wissen um die Gegenargumente im Hinterkopf.

VON WEM SOLL EIN MENSCH LERNEN, SICH AUF DIE BEDÜRFNISSE EINES ANDEREN EINZUSTELLEN, WENN NICHT ALS KLEINES KIND VON DEN EIGENEN ELTERN? Für b) spricht folgendes: Wann und wie soll ein Mensch lernen, dass es selten richtig ist, sofort den ersten Impulsen zu folgen, die gerade an der Oberfläche seines Wollens und Denkens auftauchen, wenn nicht jetzt als kleines Kind in einer vertrauten, körperlich geschützten Beziehung zu seinen Eltern? (Ich rede nicht von irgendeiner Tante, die alle halbe Jahre auftaucht und die sich dann nicht beruhigen kann, weil das Kind so süß ist und nun unbedingt „stundenlang" geknuddelt werden muss.)

Wann und wie soll es lernen, sich auf seine Mitmenschen auszurichten, sich in die Bedürfnisse anderer einzufühlen, beziehungsfähig zu werden, wenn nicht jetzt als kleines Kind …

Soll diese Fähigkeit, die entscheidend ist für das Lebensglück, weil ohne sie keine Partnerschaft hält, von allein vom Himmel fallen? Nein, sie muss jahrelang trainiert werden, wie jedes gute soziale, intellektuelle, musikalische oder auch sportliche Verhalten. Und die Weichen dafür müssen am Anfang richtig gestellt werden, wenn der Lebenszug gerade aus dem Bahnhof ausfährt. Wo geht's dann hin und geht's weit weg in Bezug auf die Persönlichkeitsentwicklung oder gibt's nur eine enge Runde um den Bahnhof herum?

Der höchste Wert im Leben ist nicht die Freiheit (wie das z.B. Joachim Gauck behauptet), sondern die Liebe, die spürbar erlebte Liebe, jedenfalls für Kinder. Haben nicht die rapide zunehmenden psychischen Erkrankungen der Gegenwart, insbesondere bei Kindern und Jugendlichen, alle den gleichen Kern: Ein Gefangen-Sein in sich, die Unfähigkeit, der Welt zu vertrauen und sich für sie zu öffnen – mit einem beginnenden Bewusstsein der eigenen Konturen? Dieses Selbstbewusstsein kann aber nur in der liebevollen Wechselwirkung mit den klaren Konturen elterlicher Bezugspersonen entstehen.

Bei der Magersucht fällt mir das misstrauische Fixiertbleiben auf sich selbst besonders auf: Da können die Eltern wieder und wieder sagen: Kind, du bist zu dürr! Das sieht nicht gut aus! Aber das Kind hatte in seinem Leben nie gelernt, anderen Maßstäben zu vertrauen als den eigenen. Es musste schon als ganz Kleines lernen, nur seinen eigenen Urteilen zu glauben, denn die waren für seine Eltern sofort „Gesetz". Und es selbst hat nun einmal beschlossen: Ich bin zu fett.

Es durfte nicht Erfahrungen dieser Art sammeln: Es ist doch gut, Mama, Papa, dass ich noch ein Weilchen auf deinem Schoß bleiben musste. Jetzt gefällt es mir selbst. ... Aber nun möchte ich wirklich runter. Kein Problem, mein Kind, zum Glück habe ich ein Bauchgefühl, ich verlange nicht zu viel.

Ich plädiere hier für den Mut zur Öffnung, dazu, Beziehungen zu seinen Mitmenschen einzugehen und das nicht nur auf eine abstrakt-geistige, sondern zuerst auf eine körperliche Weise. Das ist das 3. Gesetz: Je jünger Menschen sind, desto mehr bedürfen sie der körperlichen Ebene, sowohl für ihre seelische Entwicklung als auch für ihre geistige.

ALLES INNERE, DAS NICHT SCHON VERERBT WURDE, WAR ZUVOR EINE ÄUSSERE PRAKTISCHE HANDLUNG. Der Respekt vor dem Mitmenschen, seine Achtung kommt nicht geheimnisvoll aus dem Himmel. Er ist das Ergebnis von alltäglichen Handlungen, durch die gerade das immer wieder praktiziert wurde: „Du grüßt deutlich und zugewandt. Du siehst denjenigen freundlich an, senkst und hebst gut sichtbar den Kopf und sagst: ‚Guten Tag!' Wenn du den Namen weißt, sagst du ihn noch dazu." So einfach ist das. Über Werte können wir z.B. im Ethik- oder Religionsunterricht viel besser theoretisieren, wenn wir sie zuvor immer wieder praktizierten und das weiter tun (7. Gesetz).

Und auch für die geistige Entwicklung gilt das: Ein Begreifen kommt aus dem Greifen, ein „Du hast's erfasst!" aus dem Angefasst-Haben dessen, was die materielle Form und Erscheinung der inneren Zusammenhänge ist, die jemand nun verstanden hat. Deswegen lernen Kinder z.B. mit Murmeln, Kugeln oder auch Äpfeln viel besser rechnen.

Und wenn uns Angst lähmt, wenn wir tief verunsichert sind, dann werden selbst die Alten wieder wie die Kinder, und heimlich möchten sie am liebsten ihre Finger zu Hilfe nehmen, um unter Stress eine einfache Rechenaufgabe zu lösen. Deswegen brauchen Menschen gerade dann, wenn ihre Ängste sie zu überwältigen drohen, den liebevollen körperlichen Halt von Mitmenschen, denen sie vertrauen.

Ich hatte mich auf dem Weg zu einem Vortrag rettungslos verfahren. (Wir sollten Geräten in der Tat nicht bedingungslos vertrauen, auch Navigationsgeräten nicht. „Die stammen vielleicht aus China und kennen sich hier gar nicht aus.") Ich habe zu mir gesagt: „Ralf, ganz ruhig! Mach's durch Raserei nicht noch schlimmer. Du schaffst das schon irgendwie!"

Dabei fiel mir die psychologische Weisheit ein: Selbst wenn ich mir das Richtige sage, es wirkt bei weitem nicht so, als wenn ich das Gleiche von einem Mitmenschen hörte. Den könnte ich fragen: Meinst du wirklich? Und er könnte mir im Brustton der Überzeugung antworten: Ja, das schaffst du! Wenn ich diesen Menschen jetzt noch kennen würde und ich fände ihn sympathisch und vertraute ihm, und er würde zu diesen Worten sanft seine Hand um meine Schulter legen, dann wäre ihre Wirkung noch einmal verdoppelt, selbst, wenn er mir sagen müsste: „Ralf, na und, dann kommst du eben zehn Minuten zu spät, davon geht die Welt auch nicht unter! Fahr ruhig, die freuen sich, wenn du überhaupt kommst!"

BEACHTUNG DURCH BERÜHRUNG RETTET LEBEN. Ich bin sogar überzeugt, dass selbst fremde Menschen so Leben retten können: Jemand ist nach einem Unfall in seinem Auto eingeklemmt. Da wir in einem wunderbaren Land leben, gibt es gut ausgerüstete Feuerwehren, die mit den nötigen Spezialwerkzeugen schnell dorthin eilen. Bevor sie aber da sind, ist die entscheidende Frage für das Überleben des Verletzten:

Ist am Unfallort jetzt ein Mensch, der mutig und beziehungsfähig genug ist, seine eigene Angst, etwas Schlimmes zu sehen, nicht wichtiger zu nehmen als die Not des Schwerverletzten? Gibt es jetzt einen Menschen, der sich für ihn öffnen kann – er muss ja nicht einmal durchs Feuer oder ins kalte Wasser –, der ihn einfach nur mitfühlend ansieht und berührt und sagt: Es wird alles gut!

Je stärker Menschen sich in einer existentiellen Notlage befinden, desto mehr sinkt ihre Schamgrenze. Es ist in gewöhnlichen Situationen, z.B. bei der Begrüßung eines bisher nicht bekannten Kollegen bei einer Weiterbildung, für einen „normalen" Deutschen schon gewagt, einen noch fremden Mitmenschen flüchtig an der Schulter oder am Oberarm zu berühren. Im Fall von Lebensgefahr kann es aber für den Verletzten oder Kranken angenehm, stärkend und stabilisierend sein, dass ein völlig fremder Mitmensch ihm mütterlich- oder väterlich-zärtlich über den Kopf streicht.

Aber wer hat den Lebensmut, das zu machen? Ich fürchte, nur wenige, zu wenige. Und es mag auch Menschen geben, die eine solche Vertrautheit selbst im Angesicht ihres Todes als zudringlich empfinden, vor allem dann, wenn derjenige, der das tut, jünger ist als sie selbst. Er müsste dann schon entschieden jünger sein. Kinder können alte, versteinerte Herzen vielleicht noch am ehesten berühren.

Ich fürchte, da kommt es auch schnell zu tragischen Missverständnissen. Ich selbst z.B. bin stolz. Ich würde niemals jemanden meine Nähe aufdrängen wollen, der sie nicht will. Ich fürchte, ich wäre zu schnell beleidigt und würde vielleicht sagen: Dann eben nicht. Deswegen ist es ja so wichtig, dass wir uns im Alltag berühren, damit wir im Laufe der Zeit ein feines Gefühl dafür ausbilden können: Welche sind gut und welche sind (zu) aufdringlich.
Zurück zum Eingeklemmten. Die Feuerwehr ist noch nicht da. Kann jetzt der, der den Mut hatte, Blick- und Körperkontakt zu dem aufzunehmen, der in seiner Not so unendlich allein ist, das durch- und aushalten? Oder holt ihn der gesellschaftstypische Hang zur Flucht ein?
Das wäre eine Katastrophe für den Eingeklemmten. Und wenn dann endlich die Profis da sind, sollten auch diese, wenn es genug sind, während des Herausschneidens körperlichen Kontakt zum Verletzten halten und immer so etwas sagen wie: „Es wird alles gut!“, „Gleich ist es geschafft!“, „Nur noch ein bisschen!“ Das sind alberne Schlichtheiten, das glauben höchstens kleine Kinder, aber genau das entscheidet jetzt – zusammen mit den medizinischen Notfallmaßnahmen – über Leben oder Tod.

NICHT NUR IN NOTSITUATIONEN SIND BERÜHRUNGEN HILFREICH, AUCH IM ALLTAG. Wir Deutschen sind ein eher „unterkühltes“ Volk. Ich selbst bin von meiner vererbten Natur her ein in sich gekehrter, gehemmter und schüchterner Mensch. Aber ich habe es gelernt, auf Menschen zuzugehen und die, die ich mag, bei der Begrüßung auch zu umarmen und zu drücken. (Es muss ja nicht gleich rechts und links ein Kuss auf die Wange sein, wie das die Menschen in den Mittelmeerländern tun.) Die Kinder bedürfen des körperlichen Grundes und Haltes von Gedanken und Gefühlen noch mehr als die Erwachsenen, hatte ich schon festgestellt. Stauferkaiser Friedrich II. wollte wissen, welche Sprache Kinder sprechen werden, mit denen nicht geredet wird. Er suchte für dieses Experiment ein paar Waisenkinder aus, die gut ernährt und versorgt wurden. Ihre Pflegerinnen durften aber keinerlei Beziehung zu ihnen aufnehmen. Auch war es ihnen verboten, sie über das notwenige Maß hinaus zu berühren. Das Ergebnis: Alle Kinder starben.
Sie hätten gut und gern auf die Worte und Sätze einer Kultursprache verzichten können, aber niemals auf die Körpersprache liebevoller Berührungen. Kinder, die nicht so rigiden Versuchsverhältnissen ausgeliefert sind, holen

sich die Minimaldosis liebevoller Berührung woher sie sie nur irgendwie kriegen können. Vielleicht ist es einmal die Nachbarin, die sie liebevoll über den Kopf streicht, oder die Oma, die wenigstens ab und zu da ist. Sie werden dann mit der Intensität einer Kellerpflanze, die sich der einen einzigen Sonnenstunde entgegenrankt, wie sie es nur kann, so viel Liebe wie möglich aus diesen kurzen Momenten herausholen.
Sie schaffen es sogar, aus Schlägen immer noch ein wenig Liebe zu filtern. Immerhin sind dies auch Berührungen und immerhin sind sie dann ihren Eltern wichtig, stehen im Mittelpunkt ihrer Aufmerksamkeit und kriegen starke, intensive Gefühle körperlich von ihnen zu spüren, auch wenn es negative des Hasses und der Wut sind. Theoretisch lassen diese sich in positive umwandeln. Die Hoffnung bleibt. Deswegen ist die totale Missachtung und Ignorierung eines Kindes (mindestens) genauso schlimm wie körperliche Gewalt.
Den Kindern liebevolle Berührungen zu geben, ist natürlich in allererster Linie Aufgabe der Eltern, Großeltern und andere Familienangehöriger. Kinder können sich nur dann selbst lieben und mögen lernen, wenn sie zuerst von ihrer Familie erfahren haben, was das – „lieben“ und „mögen“ – überhaupt bedeutet, und zwar körperlich. Dürre Worte reichen auf die Dauer nicht einmal für Erwachsene. Alle Menschen und besonders Kinder müssen auf der primären, körperlichen Ebene spüren, dass andere Menschen – im Fall der Kinder: ihre Eltern, Großeltern und Geschwister – sie lieben und gern mit ihnen zusammen sind.
Aber ich denke, es wäre auch gut, wenn Lehrer und Erzieher, die länger mit den gleichen Kindern zu tun haben, diese mal umfassen oder drücken. Warum sollten ausgerechnet Lehrer die Sorte Menschen sein, die einer anderen besonderen Sorte, ihren Schülern, nicht zeigen dürfen, dass sie sie mögen? Ich habe z.B. meinen Schülern in Königswartha öfter einmal die Hand auf die Schulter gelegt, wenn ich ihnen etwas Wichtiges sagen wollte. Erst einmal füreinander ankommen, da sein, Blickkontakt herstellen und dann reden.

SOGAR DIE VERNEINUNG DER KÖRPERLICHKEIT STÄRKT DIE BEZIEHUNGSFÄHIGKEIT. Die Bereitschaft, Beziehungen zum Mitmenschen durch eine körperliche Grundlage zu vertiefen, braucht natürlich eine Kehrseite: Der, der angefasst wird, muss das Recht haben, freundlich aber deutlich zu sagen: Ich mag das nicht. Lass’ das bitte oder: Lassen Sie das bitte.

Auf diese Weise würde sogar die Verneinung der Körperlichkeit noch die Beziehungsfähigkeit stärken, weil Kinder so lernten, ehrlich ihrem Gegenüber ihre Grenzen mitzuteilen. Eine ganz wichtige Übung fürs Leben! Warum sollten sie das nicht auch in der Schule schon lernen? Beides: Das vertrauensvolle Annehmen einer freundlichen Berührung und ihre Verneinung.

In Deutschland nimmt zu, dass jeder für sich abgeschottet sein eigenes Leben führt. Das gegenseitige Misstrauen wächst. Lehrer haben in der Tat Grund genug, auf „Nummer Sicher" zu gehen: Sie vermeiden mehr und mehr, sich als Mensch zu zeigen, als einmalige Persönlichkeit mit ihren besonderen Stärken und Schwächen. Damit würden sie sich angreifbar machen. (Ich komme darauf im 10. und 11. Gesetz zurück.)

Ähnlich ist es mit Berührungen gegenüber ihren Schülern. Dieser Kleinmut kürzt Lebenschancen vor allem für die Schüler, die nicht das Glück haben, wenigstens zu Hause starken und offenen Menschen zu begegnen. Unsere Gesellschaft schaut überwiegend misstrauisch auf jede Art körperlicher Berührungen, erst recht Kindern gegenüber, die sie am meisten bräuchten. Wer will sich einem solchen Misstrauen schon aussetzen in einer Gesellschaft, in der ununterbrochen nur von den Gefahren schädlicher Berührungen – sexueller Missbrauch – geredet wird und nicht von den Chancen guter Berührungen? Kaum einer! Pech für die, die sie nötig gehabt hätten, denen damit viel Rückhalt genommen wird, sich ihren Ängsten zu stellen und sie in der Verbundenheit mit vertrauten Mitmenschen zu überwinden.

Natürlich muss auf die Gefahr des sexuellen Missbrauchs geachtet werden. Aber ich denke, Kinder, die darin geübt sind, sich zu berühren, können leichter und besser unterscheiden, welche Berührungen gut sind und welche nicht, als wenn wir alle von vornherein zu etwas ganz Besonderem und argwöhnisch Beobachtetem machen. Damit wird sich der westliche Individualismus zum Glück in der Welt nicht durchsetzen können.

Wir können die Entwicklungsprobleme unserer Kinder nicht durch einzelne pädagogische Strategien lösen, auch die Diskussionen darüber nutzen wenig. Die Ursachen aller dieser Probleme liegen in den gesamtgesellschaftlichen Zuständen. Diese müssen zuerst politisch diskutiert und nötigenfalls verändert werden, wiewohl vielleicht auch Erziehungsdiskussionen helfen können zu erkennen, woran das Große-Ganze, die Gesellschaft insgesamt krankt.

Das 4. Gesetz: Lieben – in der Beziehung und Erziehung – heißt, immer wieder neu anfangen zu können

Ein gelingendes Leben hängt ganz entscheidend davon ab, wie gut wir immer wieder „ausschnappen" können.

Körperlich zeigt es sich besonders deutlich, wenn wir Beziehungen kappen. Wir wenden uns ab, wir zeigen dem anderen die „kalte Schulter". Umgedreht ist es, wenn wir an einem anderen Interesse zeigen: Immer wieder gibt es verstohlene Blicke. Die Frequenz des Blickkontaktaufnehmens ist deutlich erhöht im Vergleich zu Menschen, die uns gleichgültig sind.

Die Kinder sind ihren Eltern (fast) immer wichtig und umgedreht, selbst dann, wenn sie sich misshandeln. Deswegen müssen Kinder lernen können, nicht im Beleidigtsein stecken zu bleiben. Worin besteht die schwierige Kunst dieser Fähigkeit? Im entschiedenen „Ausschnappen-" und „Wieder-neu-anfangen-Wollen"! Und das müssen Eltern ihren Kindern immer wieder vormachen.*

* „Immer wieder" sage ich oft in diesem Buch. In der Wiederholung besteht das Wesen des Erziehens, etwas Äußerliches immer wieder, alltäglich und zuverlässig so lange zu tun, bis es zu etwas Innerlichem wird, zu etwas, was dem Kind eigen ist, zu seiner Persönlichkeits*eigen*schaft (7. Gesetz).

EINGESCHNAPPT SEIN IST NICHT SCHLIMM, EINGESCHNAPPT BLEIBEN DAGEGEN SEHR. Wir Menschen – jedenfalls die meisten von uns – sind schnell eingeschnappt, und wir leiden dann selbst darunter „wie ein Hund" und wir kommen trotzdem nicht heraus aus „dieser Kiste". Der verdammte Stolz! Ich erinnere mich z. B., dass ich mich mit meinen jugendlichen Söhnen beim Ungarn-Urlaub gestritten habe. Beleidigt hatte ich mich sogar am nächsten Morgen verweigert, an einem geplanten Ausflug teilzunehmen. Ich hatte Bauchschmerzen deswegen, große. Eigentlich wollte ich schon sagen: „Nun ist gut, Schwamm drüber, vergessen wir das und fangen wir jetzt so unbefangen und freundlich wie der neue Tag wieder miteinander an."

Aber ich konnte es einfach nicht, ich konnte nicht über meinen Schatten springen, weil ich mich in diesem Moment immer wieder an das erinnerte, was mich so geärgert hatte. Ich bedaure das bis heute. Zum Glück konnte ich daraus lernen und mir für die Zukunft vornehmen, dass ich es das nächste Mal schaffe, wenn ich es nur richtig will. Und das gelang mir auch zunehmend.

Verletzungen sind im Leben nicht zu vermeiden, wer handelt, macht Fehler. Und wer verletzt ist, will verletzen. Da ist die Weisheit der Älteren – der Eltern – gefragt. Nur sie konnten in ihrem Leben schon lernen, über ihren Schatten zu springen. Die Kinder brauchen ihr Vorbild, um sich diese Lebenskunst auch aneignen zu können: Nicht stecken zu bleiben in der Wut und in der Enttäuschung, sich nicht im Selbstmitleid zu gefallen. Wir müssen wütend sein dürfen, Eltern ebenso wie die Kinder: Ich habe mich über dein Verhalten geärgert, mein Kind. Das geht nicht! Und das und das erwarte ich! Aber dann, wenn ein wenig Zeit vergangen ist, auf jeden Fall, bevor die Sonne untergeht, muss das nötige Gegenstück zu dieser Klarheit und Eindeutigkeit kommen: Die Fähigkeit, mit der Liebe wieder neu anzufangen, als wenn nichts Böses gewesen wäre. Das ist das 4. Gesetz.

Es erfordert eine hohe und besondere Kunst von Menschen, die Verantwortung für andere Menschen tragen. Eltern müssen ihren Kindern das zeigen und es ihnen wieder und wieder vormachen: Wie geht das, nach der klaren Auseinandersetzung neu und freundlich aufeinander zuzugehen. Es ist schwer, ich weiß, denn wir sind alle stolz, haben Angst, zurückgewiesen zu werden, wenn wir uns zu weit oder zu früh hervorwagen. Keiner will der Bloßgestellte, der Dumme sein. Deswegen ist es so wichtig, dass die Eltern die Starken in der Familie sind, dass sie nicht defensiv umherschleichen, vor Angst gebückt, die Liebe ihrer Kinder zu verlieren.

Selbstbewusste Eltern können sich ihr schmollendes Kind „schnappen", es vielleicht einfach nur an den Schultern halten und freundlich ansehen. Wenn es sich losreißt, auch gut. Ich mag eigensinnige Kinder. Ihr Einlenken kommt zwar später, ist dann aber umso mehr wert. Aber nicht wieder beleidigt sein, das ist die „Falle des Teufels". Er will die Trennung, er will, dass wir uns nicht vertragen. In einer halben Stunde oder Stunde versuchen Sie das Gleiche noch einmal, bis sich Ihr Kind umarmen lässt oder Sie sehen es beim Abendessen einfach nur vorsichtig neckisch an, machen ein Spiel daraus, bis die Mauern seines falschen Stolzes zusammenfallen und es sich für die Eltern ebenso wieder neu öffnen kann, wie diese umgedreht das schon getan haben und tun, und zwar real: praktisch, mit Hilfe der Sprache ihres Körpers.

SOZIALES VERHALTEN MUSS EINGEÜBT WERDEN, BIS ES SITTE UND BRAUCH IST. Kinder, besonders die gefühlsstarken unter ihnen, brauchen unbedingt die Hand ihrer Eltern, damit ihnen das Springen über die Mauern ihres Beleidigtseins mit der Zeit immer besser gelingt. Von wem sollten sie denn sonst so etwas Schwieriges lernen, an dem ganze Leben zerbrechen, wenn nicht von den eigenen Eltern? Ich finde es furchtbar, wenn Eltern resignieren und z.B. sagen: „Mit dem kann ich einfach nicht mehr ‚Mensch ärgere dich nicht' spielen. Er schmeißt mir jedes Mal die Figuren an die Wand!" Gerade dann müssen Eltern immer wieder neu mit ihrem Kind spielen und jedes Mal klar dieses Verhalten zurückweisen und das Kind nicht etwa heimlich gewinnen lassen. Und bei der nächsten Gelegenheit spielen wir trotzdem wieder. Wir fangen immer wieder neu an mit frischem Mut und der festen Überzeugung, heute wird es besser gelingen als gestern.
Soziales Verhalten muss trainiert werden, mal mit dem Strom vererbter Eigenarten, mal gegen ihn. Im ersten Fall geht es leicht und schnell, im zweiten kann es Jahre dauern. Eltern müssen nicht schuften, um ihren Kindern etwas „bieten zu können", was mit viel Geld bezahlt werden muss. Unsinn! Biete ihnen Liebe und dieses Lebenstraining, dann hast du ihnen genug geboten. Deine Kinder brauchen Lebensvertrauen und klare Handlungsmuster eines konstruktiven Verhaltens, die aus dem Scheitern und der Resignation hinausweisen und -führen.
Du musst sie über die Jahre mit ihnen immer wieder üben, bis sie tief verinnerlicht sind. Dann haben sie später Reserven, eine große interne Anschubkraft, sich aus Verbitterung und Verdruss herauszukämpfen, gerade dann, wenn das dringend nötig ist, weil die aktuelle Situation gar nichts dafür hergibt.
Deswegen ist das fortwährende Praktizieren von Ritualen, die als Gewohnheiten in Fleisch und Blut übergehen, so wichtig. Dahinter können sich in kritischen Situationen alle „verstecken". Sie tragen das Leben in Krisen weiter wie ein Autopilot, wenn sowohl der Flugkapitän als auch sein Co im Moment indisponiert sind. Kein Familienmitglied verliert sein Gesicht, wenn es zum Abendessen kommt, obwohl es noch beleidigt

ist. Denn das ist einfach Sitte und Brauch. Ich muss, ob ich will oder nicht, das war schon immer so bei uns, ob ich Hunger habe oder nicht. Keiner muss etwas essen, aber jeder hat sich hinzusetzen. (Wenn das klar ist, wird fast immer doch etwas getrunken oder gegessen.)
Es geht in erster Linie um den Gedanken- und Gefühlsaustausch, um das Zusammensein. Das Essen ist Nebensache. (Obwohl: Die Liebe geht durch den Magen.) Diese alltägliche Praxis sagt dem Kind, ohne ein einziges Wort: Ich bin meinen Eltern wichtig. Sie wollen mich haben, sie verzichten nicht auf mich.

Das 5. Gesetz: Die Liebe fließt lebensstromabwärts von den Stärkeren zu den Schwächeren

Alle erledigen die Pflicht, ohne Frage und selbstverständlich – dann ist es leichter, das Besondere bei der Kür zu zeigen und zu entwickeln

Glück und Liebe haben etwas mit Vertrauen zu tun, also mit Großmut. (Die Taube auf dem Dach – ich werd' sie kriegen.) Unglück und Hass entstehen aus der Angst, zu kurz zu kommen, etwas zu verpassen, was einem zusteht. Das ist Kleinmut: Ich will jetzt alles, was ich kriegen kann. Ich glaube nicht an morgen. (Lieber sofort den Spatz in der Hand als später vielleicht die Taube auf dem Dach.)
Die Welt ist unsicherer geworden. Viel mehr Lebensmöglichkeiten bringen auch mehr Gefahren des Scheiterns mit sich. Menschen wollen Liebe – natürlich wie zu allen Zeiten –, aber ich fürchte, sie wollen aufgrund der heutigen individualisierten Lebensweise mehr denn je Liebe mit Renditegarantie, gerade so wie bei einer Lebensversicherung: Kriege ich zumindest das zurück, was ich investiert habe? Ein solches Denken ist absolut liebestödlich.

IN EINER WELT, IN DER ALLES UNSICHERER WIRD, BLEIBEN ALS LETZTES DIE EIGENEN KINDER VERFÜGBAR, SOLANGE SIE KLEIN SIND. Die Liebessehnsucht bleibt. Deswegen greifen in ihrer Not immer mehr Mütter und Väter auf ihre Kinder zurück, konzentrieren sich auf sie, denn diese sind noch halbwegs sicher, können vorläufig noch nicht weglaufen. Das Eigene, Gewohnte und Bekannte gibt ein Gefühl von Vertrautheit in einer Welt mit so vielen Unwägbarkeiten. Was soll ich in Partnerschaften zu anderen – noch fremden – Erwachsenen investieren, sagen sich viele, bewusst oder unbewusst, diese Beziehungen halten ja sowieso nicht; das lohnt nicht.*

* Bei meinen verkehrspsychologischen Seminaren und Kursen geht es um die persönlichen Hintergründe von Verkehrsdelikten. Insofern frage ich die Teilnehmer u.a. auch: Wer ist denn der wichtigste Mensch in Ihrem Leben? In den vergangenen Jahren zeigt sich für mich eine deutliche Tendenz. Die meisten hatten früher ihren Partner an die erste Stelle gesetzt. Jetzt sagen vor allem die jüngeren Kraftfahrer immer öfter: Meine Freunde. Warum? Liebesbeziehungen halten ja sowieso nicht, bei Freundschaften sei diese Chance größer.

Dass viele junge türkische Männer, die in Deutschland leben, sich ihre Bräute aus Anatolien holen, scheint auf genau dem gleichen Mechanismus zu beruhen: Angst vor dem Fremden. Es ist nur ganz kurzfristig „humanistisch“, nämlich leid- und angstmindernd, dass die deutsche Gesellschaft wie wohl keine andere in dieser Welt ihren Immigranten ermöglicht und sie dazu verführt, diesen bequemen Fluchtweg aus ihrer neuen deutschen Realität, die sie ja freiwillig und bewusst gewählt haben, gehen zu können.

Langfristig erhöht es die Schmerzen und Probleme auf beiden Seiten beträchtlich, ähnlich wie es die Lage erschwert, wenn sich eine Mutter beim Abgeben ihres Kindes im fremden Kindergarten partout nicht von ihm losreißen kann und will.

Ängstliches Misstrauen, dessen Kreise sich nicht langsam und mit der Zeit öffnen für das Neue, führt in die Sackgasse. Für Mütter und Väter bedeutet dies: Ihre Kinder nicht mit ihrer eigenen Liebesnot zu belasten, die kindliche Liebe, die ja noch im Werden begriffen ist, nicht zu früh zu „ernten“. Eltern müssen warten können, bis sie reif ist und von allein vom „Baum des Lebens“ fällt.

Kinder empfangen in erster Linie: Liebe, Wissen, auch Gebote und Verbote. Bekommen sie das klar und stark von ihren Eltern, können sie ein wenig davon an sie zurückgeben, aber sie können nicht primär, aus sich selbst heraus „liefern“. Kinder können ihren Eltern nicht die Liebe geben, die diese zu ihrer seelischen Stärkung brauchen, jedenfalls dann nicht, wenn sie noch minderjährig sind.

Die Liebe fließt lebensstromabwärts. Das ist das 5. Gesetz. Es ist die Aufgabe der Eltern, die Kinder mit ihrer Liebe zu stärken, so lange diese noch „die Kleinen“ sind. Auch ein 1,90 Meter großer Zwanzigjähriger kann das in seelischer Hinsicht sein. Haben Menschen dieses Gesetz begriffen, dann können sie sich auch selbst den konkreten „Tipp“ herleiten, wer den ersten Schritt zu gehen hat, wenn es darum geht, die abgerissene Beziehung zu den Kindern wieder aufzunehmen: Natürlich die Eltern! Sind die Eltern aber nicht mehr die stärkeren, weil sie inzwischen zu alt sind, dann kommt diese Aufgabe den Kindern zu.

Schwächere können auf die Dauer nicht erfolgreich den Stärkeren Rückhalt geben. Natürlich lachen wir herzlich über die süßen Kleinen, und es gibt viele schöne Momente mit ihnen, aber sie können Erwachsenen nicht den Halt geben, den diese brauchen. Unter dem Druck von ungelösten

Problemen suchen wir doch niemals Rat bei jemandem, der noch verwirrter ist als wir selbst. Es ist rührend und herzzerreißend, wenn uns die Kinder trösten wollen, aber wirklich stabilisieren können sie uns nicht. Wir schauen dann nach „oben" und brauchen und suchen einen Menschen, der einen sicheren Lebensstand und den nötigen Durchblick hat und uns auch noch wohlgesonnen ist.
Abgesehen davon, dass Kinder nicht die lebensstärkenden Beziehungspartner sein können, sind sie knapp geworden in Deutschland; sie sind heute und hier eine absolute Mangelware. In der DDR hatten wir gelernt, viel zu „organisieren". Kinder kann man sich aber nicht einfach „besorgen", trotz „Vitamin B" nicht, trotz Westgeld nicht. Kindermangel im bevölkerungsreichsten Land der Europäischen Union, beim Vizeexportweltmeister (exportieren wir etwa auch Kinder?) – wer hätte das gedacht?

AUS KINDERLAND IST HUNDELAND GEWORDEN. Viele Hunde sind ebenso unerzogen wie viele Kinder. Sie stellen ihre eigenen Bedürfnisse über die ihrer Mitgeschöpfe. Sie können genauso wenig dafür wie die Kinder. Unerzogen, wie sie sind, können sie nicht anders. Für einen Teil ihrer Herrchen und Frauchen trifft dies ebenfalls zu. Da gibt es die guten Hundehalter, die brav ein Tütchen dabeihaben und die Hinterlassenschaft ihrer Tiere entsorgen. Sie sind in Städten wie Berlin und Leipzig die Dummen, weil sie sich an die Regeln halten.
Die, die es nicht tun mit der größten Selbstverständlichkeit – nie würden sie sich dazu herablassen, ein Tütchen mitzunehmen –, werden ja sowieso nicht dafür belangt. Die große Mehrheit der braven Bürger hat anstatt dessen die Kothaufen auf Schritt und Tritt hinzunehmen. Die Stadtverwaltungen sind zu schwach oder zu feige, die eigenen Regeln durchzusetzen. Es ist Wahnsinn, was die Kinder aus solchen Alltäglichkeiten lernen; das prägt sie mehr als alle Demokratie-Projekte in der Schule zusammengenommen: Die, die ihre eigene Bequemlichkeit weit über die Interessen der Gemeinschaft stellen, bleiben die Sieger.
Die Kontrollen müssten zu Beginn engmaschig sein und stark geschützt, denn diese Unsozialen werden natürlich aggressiv, wenn sie nach Jahrzehnten zum ersten Mal in die Schranken gewiesen werden. Die Strafen müssen wehtun und sie müssen durchgesetzt werden. So einfach ist das. Und dabei könnten die Kommunen sogar noch Geld verdienen. Und zugleich erzieht das im Alltag mehr als hundert Sozialarbeiter.*

* Darin besteht ja gerade der Trick der Sozialpädagogikindustrie in Deutschland mit ihren Milliardenumsätzen, dass sie eine klare Ordnung verhindert, um dann immer wieder neue Gründe zu haben, noch mehr Geld für Sozialprojekte zu fordern. Das erinnert mich an Rettungsringproduzenten, die gegen stabile Brückengeländer als angeblich rigide, rein äußerliche Recht-und-Ordnung-Maßnahmen auf die Barrikaden gehen.

Und da fängt sie wieder an, die Jammerei. Ein „armer Mensch" könnte doch z.B. niemals hundert Euro Strafe bezahlen. Dann muss er sich eben erst recht an die Gesetze halten! Es kann doch nicht sein, dass sich die Gesellschaft denen anpasst, die sich am frechsten verweigern, anstatt umgedreht.

Es hat ein Kampf um die Kinder begonnen: Die, die mit ihnen direkt zu tun haben, wollen es ihnen aus Selbsterhaltungsgründen recht machen, es nicht mit ihnen verderben. Die anderen wollen Distanz, am besten keine Kinder im Haus oder in der Umgebung. Das erste bedingt das zweite: Auch wenn es moralisch ganz und gar unkorrekt klingt: Es ist auf die Dauer für den normalen Bürger, der müde von der Arbeit kommt, unmöglich, Kinder zu mögen, denen leider jeder Rest von Erziehung vorenthalten wurde. Die Kinder können gar nichts dafür; die sie „erziehenden" Erwachsenen sind schuld, die zum Beispiel ernsthaft glauben, hysterisches, absolut unbeherrschtes Geschrei sei ein Kinderrecht.*

* Gerade jetzt, im Februar 2011, hat der Bundesrat das Lärmschutzgesetz geändert: Kindliches „Toben" sei nun einmal mit Lärm verbunden, den die Erwachsenen hinzunehmen hätten. „Toben" ist ein Begriff aus der Psychiatrie. Unsere Kinder haben nicht verdient, dass wir sie als krank abstempeln.

Oder es sei Kindergarten- und Schulkindern nicht zuzumuten, in der Mittagspause still zu sein. Natürlich ist es das. Wenn diese Erwartung ganz klar und eindeutig wäre, einfach Sitte und Brauch, dann fügten sich die Allermeisten ohne großes Leiden in ihr Schicksal und schliefen selbst eine Runde. Und das tut ihnen doppelt gut. Wer nicht schlafen kann, lernt immerhin rechtzeitig und praktisch-konkret, dass es kulturelle Ansprüche gibt, die über seinen persönlichen Befindlichkeiten stehen.

SELBST KINDER KÖNNEN UND MÜSSEN NICHT REIN TRIEBGESTEUERT BLEIBEN. Die „Kinderfreunde", die sich jetzt empören möchten, sind oft auch Ausländerfreunde. Ich frage sie, wie sollen Kinder und Jugendliche

Respekt vor andersartigen Kulturen lernen, wenn sie sich nicht einmal darin üben mussten, die Rechte der Älteren und Alten der eigenen Gesellschaft zu respektieren? Multikultitarismus und interkulturelle Erziehung gelten auch für das Miteinander der Generationen.
Was es so schwer macht, ist nur die Unsicherheit der Erziehenden. Wir sollten den Kindern dieses Stück Sicherheit und Zuverlässigkeit gönnen, dass ihre Welt nicht ist wie Gummi, sondern dass sie sich auf uns verlassen können, im Guten wie im „Strengen" (die Struktur des Tagesablaufs gilt). Es nutzt ihnen selbst für das Gelingen ihres eigenen Lebens.
Alle Generationen mussten Beherrschung lernen in ihrem Leben, damit es möglich war, Rücksicht auf den anderen zu nehmen. Das macht zu einem Gutteil Menschsein aus, dass wir nicht mehr nur triebgesteuert sind. Kultur ist Einschränkung, aber dadurch wird das Verdichtete auch wertvoller. Und es soll einen pulsierenden Rhythmus des Lebens geben: Zeiten und Orte, in denen die Kinder lauter sein dürfen, wenn auch nie gänzlich unbeherrscht.
Das ist Erziehung und das können wir doch den neuen Kindern nicht vorenthalten, nur weil wir als die moralischen Überflieger dastehen wollen. Dieses „Gutmenschentum" halte ich für typisch deutsch, und ich frage mich, wie viele von denen, die vehement dafür eintreten, alltäglich mit Kindern zusammenleben, und zwar ohne Kindermädchen.
Eltern brauchen den Mut, von ihren Kindern ein bestimmtes Handeln zu verlangen, auch dann, wenn diese selbst das gerade (noch) nicht wollen. Der Appetit kommt beim Essen. Die Freude kann nicht immer vor einem nötigen Tun da sein. Damit sie währenddessen entsteht und wächst, müssen Eltern und andere Erziehende das Recht haben, auch dann ein Handeln durchzusetzen, wenn nicht alle der Kinder, für die sie zuständig sind, das in diesem Moment wollen.

EINE SCHEINLÖSUNG IST DIE ZUNEHMENDE INDIVIDUALISIERUNG. Sie führt, sofort angewandt, nach meiner Überzeugung in die Sackgasse und macht alles noch schlimmer. Davor muss bei allen Kindern die Bereitschaft und Fähigkeit entwickelt werden, sich auf einen Sockel von Pflichtaufgaben einzulassen, die für alle gelten.
Für Kinder, die sich der Liebe ihrer Eltern und der freundlichen Fürsorge ihrer anderen Erzieher sicher sind, ist es ganz selbstverständlich, dass sie etwas für diese tun, was sie selbst eigentlich gar nicht in diesem Moment

wollten. So bleiben sie nicht in den engen Kreisen ihrer kurzen Lebenserfahrung hängen, sondern wachsen mit Hilfe der elterlichen Sicht, die sie übernehmen können durch ihre Liebe, über sich hinaus – in Bezug auf ihren Charakter und ihre Fähigkeiten.

Zwei Beispiele aus dem Kindergarten: Bis jetzt ist es nach dem neuen Sächsischen Bildungsplan für die Kitas ein Riesenfehler, die Kinder zu etwas zu „zwingen". (Allein dieses Wort jagt guten Menschen einen Schauer über den Rücken.) Sächsische Kindergärten sind eben viel besser als das Leben. Wenn ein Kind keine Lust hat, etwas auszuschneiden, muss ihm selbstverständlich eine Alternative geboten werden.

Die Kinder, die schon durch Vererbung oder Erziehung an den Grundsatz glauben: „Was der Bauer nicht kennt, probiert er nicht" bekommen so einen roten Teppich zur Stabilisierung dieser falschen Lebenseinstellung ausgerollt: Lieber mache ich das Alte wieder, von dem ich weiß, dass es mir Spaß macht, als dass ich etwas Neues probiere. „Jedem Anfang wohnt ein Zauber inne", ja, aber auch eine Schwelle, die erst einmal zu überwinden ist, und das geht bei einem bestimmten Menschentyp mit Methoden der Verlockung allein nicht, wenn sich die Lust am Alten schon etabliert hat.

Oder nehmen wir den Mittagsschlaf im Kindergarten: Es ist für mich schon auf eine lächerliche Weise unprofessionell, kleine Kinder zu fragen: „Wer will heute schlafen?" Zwar ruft es noch leise aus den unteren Schichten der kindlichen Seele: „Lass' gut sein, wir sind doch wirklich müde", aber ganz oben krakeelt es: „Ich bin schon groß, ich brauch' das nicht, ich will das nicht!"

Und wieder ist eine praktische Gelegenheit vertan, das, was für das Gelingen des ganzen Lebens so wichtig ist, zu trainieren und zu üben: Das Sich-Ausrichten auf andere, das Beziehungsfähig-Werden. Anstatt dessen werden Kinder darin bestärkt, eigene Wünsche sofort zu verwirklichen. Dieses Streben haben wir alle aber schon von Natur aus in uns. Jetzt müsste Kultur dazu kommen durch Erwachsene, die wissen, dass sie das Recht und die Pflicht haben, die Kinder, für die sie verantwortlich sind, auf eine ruhig-freundliche und bestimmte Weise zu erziehen. Ist das klar, sind im Einzelfall immer noch Ausnahmen möglich.

Das 6. Gesetz (1. Teil): Der Mut zur Erziehung wächst aus der Stabilität der Mutter-Vater-Beziehung

Wir alle brauchen einen festen Stand im Miteinander, damit wir uns öffnen können

Das 5. Gesetz war: Eltern sollen zu ihrem Stand als verantwortliche Anführer der Familie stehen. Sie brauchen den Mut, ihre Kinder zu führen. Anstatt dessen „fliehen“ Mütter und Väter zunehmend in die „partnerschaftliche“ Beziehung zu ihren Kindern, weil sie Angst davor haben, dass die Beziehung zu erwachsenen Partnern allzu schnell wieder zerbricht. Sie wollen es ihren Kindern Recht machen, sie „auf Augenhöhe“ behandeln, damit sie diese nicht auch noch verlieren. Aus diesem Zeitgeist heraus kommt es dazu, dass viele Mütter und Väter ihre Kinder mehr lieben als ihren Partner. Natürlich gibt es auch krasse Gegenbeispiele, was ganz schlimm ist. Mir geht es aber um die Beschreibung eines gesellschaftlichen Trends. (Abgesehen davon, dass die, die ihre Kinder misshandeln und ihre eigenen Bedürfnisse und die des Partners über das Wohlergehen ihrer Kinder stellen, oft selbst verwöhnte Prinzessinnen oder Prinzen waren, die als Kind nie lernen müssen durften, ihre eigenen Begierden anderen Menschen zuliebe zurückzustellen.)

KINDER SIND NACHFOLGER UND NICHT DIE ERSTEN IN DER FAMILIE UND SCHULE. Mütter und Väter haben heute Angst, dass andere – ihr Mann oder ihre Frau, Erzieher oder Lehrer – nicht liebevoll genug zu ihren Kindern sind. Diese sind so klein, so zerbrechlich, und Erwachsene können so rücksichts- und lieblos sein. Das sind sie leider auch oft genug und trotzdem ist es falsch, die Kinder an die erste Stelle in der Familie, im Kindergarten oder in der Schule zu setzen. Auch ich hatte das getan mit meinen drei Söhnen, und ich fühlte mich moralisch so wohl. Aber gut gemeint ist eben noch lange nicht gut gemacht, erst recht nicht, wenn es in Liebesangelegenheiten sogar besonders gut gemeint ist.

Jahrelang haben sich Frauen, die Mütter werden wollen, auf diesen Höhepunkt ihres Lebens vorbereitet – besonders in Deutschland, weil es unsere Mentalität ist, besonders gründlich und genau zu sein. Sie haben alles studiert und gelesen, zur Ernährung, zur Gesundheit, zur Erziehung. Sie sind voll „vorm Mond". Sie wollen es perfekt machen und machen es gerade dadurch falsch.

Der große Irrtum – aus Liebe, deswegen sage ich das ohne jeden Vorwurf – besteht darin, dass Eltern, besonders Mütter, nicht mehr mit dem Perfektsein aufhören können, auch dann nicht, wenn es längst an der Zeit wäre, das eigene Kind nicht nur zu fördern, sondern auch zu fordern. Die Rolle der sich uneigennützig für ihre Kinder aufopfernden Mütter und Väter bringt viel Bewunderung und Zustimmung.

Wer kann und möchte auf ein solches „Bestärkungszubrot" schon so leicht verzichten, obwohl solche Eltern durchaus spüren, dass die Kluft zwischen der Liebe, die sie ihren Kindern geben, und der, die sie von ihnen zurückbekommen, immer größer wird? Frühere Generationen konnten diesen Fehler schon allein deswegen nicht so leicht machen, weil nach anderthalb bis zwei Jahren neue „Mittelpunkte" in der Kinderreihe nachrückten. Heute bleibt das eine Kind das Ein und Alles vieler Eltern. Die in der Partnerschaft erlahmende Liebe richtet sich zunehmend mehr auf dieses aus, weil es auch halbwegs sicher ist, solange es klein ist, während die Erwachsenen in unserer individualistischen Gesellschaft nach den ersten Jahren leidenschaftlicher Liebe immer mehr ihre eigenen Wege gehen.

So wächst ein junger Mensch heran, der noch mit 13, 14 durch die Weltanschauung eines Babys geprägt ist: Ich bin der Mittelpunkt des Universums. Wenn es Probleme gibt, hat sich die Welt mir anzupassen, denn ich stehe unverrückbar in ihrer Mitte. Das sind Allüren übersättigter Herrscher; sie werden zum Scheitern unserer Gesellschaft führen, wenn uns hier nicht eine erzieherische Wende gelingt. In diesen Kontext gehört auch die massenhafte Entdeckung armer ADS- und ADHS-kranker Kinder in den westlichen Wohlstandsgesellschaften der Neuzeit. Die Schule soll sich ihren Störungen anpassen, anstatt umgekehrt.

ADS UND ADHS WERDEN DANN ZUM PROBLEM, WENN SIE ALS KRANKHEIT GESEHEN WERDEN. Es gab aber schon immer Kinder, die aufgrund ihrer vererbten Eigenarten wesentlich unaufmerksamer, unruhiger, spröder und aggressiver waren als andere. Zum Problem wird das nur, wenn diese Besonderheiten von den Erziehungsverantwortlichen als Krankheit betrachtet werden. Dann fällt den Eltern ein Stein vom Herzen: Wir haben nichts falsch gemacht. Unsere Kinder sind eben krank und die Lehrer, psychologisch nicht auf dem neuesten Stand, haben das nicht erkannt. In Wirklichkeit sind die Eltern, Großeltern und Pädagogen daran gescheitert, sich gemeinsam erzieherisch auf die besonderen Herausforderungen der Anlagen solcher Kinder einzustellen. Das gelang ihnen früher offenbar entschieden besser als heute.

Ich bin kein Ideologe, sondern auf der Grundlage des Verstandenhabens grundlegender Zusammenhänge eher Pragmatiker. Insofern verdamme ich auch das Ritalin oder ähnliche Psychopharmaka nicht. Es gibt, wie gesagt, von Natur aus schwierige Kinder, die auch selbst unter sich leiden. Wenn Eltern und andere Erziehende dieser Besonderheit nicht gerecht werden konnten, was menschlich ist, und die Kinder lernen mussten, dass sie ihre persönliche Bedeutung gegenüber wichtigen Erwachsenen mit ihrem störenden Verhalten steigern konnten, dann werden sie natürlich erst recht weiter das Falsche machen, weil es sich für sie selbst ja lohnt.

Es gibt ihnen etwas, was für jeden Menschen lebenswichtig ist: Aufmerksamkeit, das Ernstgenommenwerden, das Gefühl des seelischen Gewichtes der eigenen Persönlichkeit. Quantitativ bekommen sie so sogar entschieden mehr davon als die Kinder, die mit ihrem Verhalten keine Probleme machen. Diese laufen oft einfach so mit in der Familie und Schule. Und das ist auch gut so.

Denn das, was wir alltäglich und ganz nebenbei lernen ohne große Aufgeregtheiten und irgendwelche besonderen Aktionen (Therapien, spezielle didaktische Attraktionen), setzt sich besonders tief und fest in unserer Seele ab, wenn es nur zuverlässig, jahrelang so geschieht. Insofern, könnte man sagen, ist die Erziehung am besten, bei der die Eltern und Pädagogen am wenigsten über irgendwelche besonderen Erziehungsmaßnahmen oder psychologische Interventionen nachdenken (müssen).

DER PYGMALION-EFFEKT. Aber wie gesagt: Manche Eltern haben einfach Glück mit den Erbanlagen ihres Kindes und mit den anderen Menschen, die durch den Zufall der Umstände mit ihm zu tun bekommen: Erzieher, Nachbarn, Lehrer und Trainer* und die es mögen und deswegen so mit ihm umgehen, dass das schon Gute noch besser wird.

* Liebe weibliche Menschen, Sie sind doch nicht misstrauisch? Aber wer mein Buch so weit gelesen hat, der will zumindest vertrauen. Z.B. auch darauf, dass ich mit Erziehern,

Nachbarn usw. selbstverständlich auch die Frauen mitmeine. Wir sagen ja auch nicht: Die Menschin oder der Personerich. Die Person ist auch ein Mann, wie ein Lehrer selbstverständlich auch eine Frau ist. Ich finde es eher diskriminierend, wenn die weibliche Form sich erst durch das spezielle Anhängsel „-in" als Ableitung und Unterform der männlichen Ausgangsform darstellt. Wäre es nicht selbstbewusster zu sagen: Selbstverständlich sind auch Frauen von vornherein Lehrer und Polizisten, auch ohne spezielles Anhängsel, ebenso wie nicht nur die Jungen, sondern auch die Mädchen Kinder sind oder Schüler. Nur wenn es in einer bestimmten Situation darauf ankommt, das Geschlecht zu betonen, benutze ich die ausdrücklich weibliche Form.

Das nennt sich in der Psychologie „Pygmalioneffekt". Pygmalion war der griechischen Sage nach ein Bildhauer, dem ein Material, aus dem er eine Statue hauen will, von vornherein gefällt. Er fängt an, gibt ihm ein wenig Gestalt und jetzt gefällt es ihm erst recht. Das Kunstwerk ist noch lange nicht fertig, geschweige denn perfekt, aber er streicht zärtlich darüber, weil er sich schon vorstellen kann, wie schön es einmal werden wird.

Oder nehmen wir einen Oldtimer, den ein Autofan in einer Scheune entdeckt hat. Er wird ihn liebevoll und vorsichtig restaurieren, ganz anders, als wenn dies ein vernachlässigtes normales Auto wäre, bei dem er sich sagt: Entweder kriege ich es wieder hin oder eben nicht. In beiden Fällen gibt es schwere Eingriffe, Teile werden abgetrennt, es wird geschweißt usw.

Aber der Liebhaber wird auch das Harte, das nicht zu vermeiden ist, mit Liebe tun, aufmerksam und vorsichtig. Der andere haut drauf und macht das Auto vielleicht endgültig kaputt. Der Oldtimer gewinnt langsam sein altes Aussehen zurück. Jetzt gefällt er dem Autonarren noch besser und er ist noch mehr motiviert, ihn endgültig wieder aufzubauen. Schließlich will er ja auch nicht verlieren, was er schon investiert hat.

So geht es Eltern und Pädagogen oft auch: Sie mögen ein Kind besonders. Sie wenden sich ihm liebevoll zu. Dadurch wird es noch besser, denn wer sich der Zuneigung seiner wichtigsten Bezugspersonen sicher sein kann, ist offen und locker, kreativ, verschmitzt-neckisch, schlingel-schelmisch, entwaffnend vertrauensvoll. Das macht das Kind noch liebenswerter: Ein Grund mehr, obwohl es schon so viele gibt, sich ihm intensiv zuzuwenden, weiter an ihm zu „arbeiten". Ein wunderbarer Engelskreislauf, das Gute schaukelt sich auf! Natürlich kann es dann andererseits auch zu besonderen Enttäuschungen kommen. Wenn die Sympathie nur richtig stark ist, macht auch das nichts: Zwischendurch muss es bei dem Auf ins-

gesamt ja auch zu einem Ab kommen, das stärkt das generelle Auf genauso wie die Ausnahme die Regel.
Andere Eltern haben nicht dieses Glück, dass ihr Kind solchen Menschen begegnete. Sie investieren vielleicht bewusst und mit großer Kraftanstrengung mehr Liebe und viel mehr Zeit in ihre Kinder als es die Eltern nebenbei tun, deren Kinder unproblematisch sind, einfach nett und von vielen gemocht. (Das Leben ist ungerecht! Sowieso! Nicht darüber aufregen und trotzdem was daraus machen, dann wird es wieder gerecht.) Aber ich fürchte, die Eltern der Problemkinder erziehen sie nicht gern; sie betrachten es als ein großes Opfer für ihre Kinder, zu dem sie nun einmal als ihre Eltern verpflichtet sind.

WIR MACHEN NUR DAS GUT, WAS WIR GERN MACHEN? Ich habe Probleme mit dem Satz: „Wir machen nur das gut, was wir gern tun“, wenn er verwendet wird, um Kinder vor jeder Art Pflicht und Zwang zu bewahren. Sie können oft noch gar nicht wissen, dass sie es gern tun werden, also müssen sie manchmal auch dazu gezwungen werden. Beide Seiten – Eltern und Kinder – brauchen ein Gefühl dafür, wann der Punkt kommt, an dem es Zeit ist, einzulenken. Heutige Eltern in Deutschland tun dies nach meinem Gefühl zu früh.
Sie verstehen nicht, dass sie auch mit und in freundlicher Ruhe konsequent bleiben können. Viele verbinden Konsequenz leider automatisch mit einem mürrischen Umherblaffen ebenso wie Regeln mit Fernsehverbot. Sie können doch aber auch das Einhalten von Regeln belohnen und müssen nicht primär bestrafen. Hauptsache, sie sind überhaupt der „Boss“, der Anführer ihrer Kinder, solange diese noch Kinder sind.
Aber grundsätzlich gesehen und auf die Dauer stimmt dieser Satz: „Wir machen nur das gut, was wir gern tun.“ Eltern und Pädagogen werden nur dann gut erziehen, wenn sie es gern machen. Und das tun sie wieder nur dann, wenn sie sich den Unarten der Kinder nicht ohnmächtig ausgeliefert fühlen, wenn sie Gestaltungsspielraum haben, wenn sie selbst entscheiden können, ohne die beständige Rückversicherung: Darf ich?

GIB MIR MACHT UND ERHALTE MEINE LIEBE, DANN KANN ICH ETWAS AUSRICHTEN. Würde ein störendes Verhalten der Kinder, gleich wenn es auftritt, mit selbstbewusstem erzieherischen Stolz korrigiert – ich bin hier als Vater, Mutter, Erzieherin oder Lehrer der verantwortliche Fachmann, ich weiß, was ich tue –, könnte das fast locker und nebenbei geschehen (siehe auch das 11. und 12. Gesetz). Zum Krampf wird es erst dann, wenn sich das falsche Verhalten bereits etabliert hat und sich die Erziehenden nicht sicher sind, was sie dagegen tun dürfen.

Ein Beispiel: Eine alleinerziehende Mutter sagte mir bei einem Vortrag, dass sie das gemeinsame Abendessen mit ihren drei Kindern (4, 8, 12) ja auch gut fände. „Aber was soll ich denn machen, wenn sie einfach aufstehen?" Bisher hatte sie geglaubt, sie müsste dann einfühlsame Überzeugungsarbeit leisten und ihnen so lange hinterher gehen, bis sie sie gewonnen hat. Sie machte sich damit nur zu einer lästigen „Fliege", die schon vom Vierjährigen verscheucht wurde. Das ist herzlos gegenüber den Kindern, weil diese das Recht auf eine starke Mutter haben, zu der sie aufsehen können. Letztendlich können sich Kinder – auf jeden Fall vor der Pubertät – nur so gut und so stark fühlen, wie ihre Eltern es sind oder zumindest einer von beiden.

Hätte sie rechtzeitig klipp und klar festgelegt, wie das läuft in ihrer Familie, deren Boss sie ist, der entscheidet, wann die Diskussion zu Ende ist, würden ihre Kinder brav, lieb und nett am Abendbrottisch sitzen…, nachdem sie ihn zuvor ordentlich gedeckt haben (auch das könnte sie noch haben). Nicht duckmäuserisch würden sie da sitzen, sondern fröhlich, denn jeder hat seinen Platz und seine Aufgaben und alle können sich aufeinander verlassen.

Auch jetzt ist die Lage nicht hoffnungslos. Sie muss nur Mut fassen und sich neu stärken. Dann kann sie den Älteren noch einmal in Ruhe ihre Position erklären, aber nicht als Bittstellerin, sondern als die, die letztendlich sowieso entscheidet. Die Kinder sollen ruhig alle ihre Gegenargumente äußern. Sie nimmt sie aufmerksam zur Kenntnis, bis zum Ende und fragt nach ohne vorschnelle Wertungen. Die Kinder werden staunen: Die Mama hört ja richtig zu!

Die interessiert sich ja tatsächlich für das, was wir sagen. Aber dann – vielleicht nach einer Denkpause und der Beratung mit einem anderen Erwachsenen, dem sie vertraut und der am besten gleich mit vor Ort ist, – entscheidet sie und niemand anders. Wenn sie selbst an sich und ihre neue Rolle als Familienoberhaupt glaubt, werden das ihre Kinder auch tun. Sie muss sich natürlich darauf vorbereiten, was sofort passiert, wenn einer ohne Erlaubnis aufsteht, vielleicht nicht einmal aus bösem Willen heraus, sondern nur aus alter Angewohnheit. Hatte die Mutter wirklich ihren

Kindern gut zugehört und dann sicher – und vielleicht auch ein wenig feierlich – ihre Entscheidung gefällt, wird jetzt ihr sowohl staunender als auch bestimmter Blick reichen. Ist das nicht so, wird sie entschlossen sagen: Bleib' sitzen! Und ist auch das nicht genug, muss sie aufstehen und das Kind an den Schultern zu seinem Platz zurückführen, ruhig und sicher. Und sie soll die Zeitdauer am Anfang nicht zu lange strecken und das loben, was schon klappt.

Bei meinem Vortrag auf dem Mittelsächsischen Erziehertag 2007 in Dresden habe ich spontan Zwischenapplaus *an folgender Stelle* bekommen:

„Erziehen ist in Wirklichkeit leicht, wenn die pädagogischen Rahmenbedingungen stimmen würden. Makarenko sagt das, ich wollte es lange nicht wahrhaben, war sogar beleidigt, wie Sie jetzt vielleicht auch, wenn Sie das hören. Aber er hat Recht, es ist eine der angenehmsten Beschäftigungen, wenn sich die Gesellschaft nur einig wäre, wenn die Jugend nur genug eigenverantwortlich etwas schaffen dürfen müsste.

Warum sollten Erziehende auch Interesse an ihren Zöglingen haben, wenn sie sowieso nicht über die nötigen Handlungsmöglichkeiten verfügen, mit ihnen umzugehen? Ein Tüftler nimmt sich doch zum Beispiel nur dann einen Motor vor, wenn er wenigstens über das Minimum der dazu nötigen Werkzeuge verfügt.

Wenn ihm von vornherein gesagt wird, Hammer und Zange sind aus prinzipiellen Erwägungen gestrichen, weil der Motor dadurch Kratzer abbekommen könnte, zur Verfügung steht dafür aber eine breite Palette von Hühner-, Enten- und Gänsefedern, dann brauche ich doch gar nicht erst anzufangen."

Dürfte ich als Lehrer einem nicht einmal unsympathischen, aber „frechen Bengel", der sich durch eine erst freundliche und dann ernste Ermahnung nicht beeindrucken lässt, sagen: „Raus!", müsste ich ihm nicht einmal innerlich böse sein. Ich wüsste genau, dass er jetzt in einem Extraraum mit Hilfe eines Kollegen sein Benehmen aufzuarbeiten und den versäumten Stoff nach dem Unterricht nachzuholen hat.*

* Leider reichen in vielen Schulen die personellen Kapazitäten dafür nicht, abgesehen von der Gefahr, dass Kollegen, die für diese Aufgabe eingesetzt sind, Verstehen und Verzeihen nicht trennen können (s. das 7. Gesetz). Natürlich, jedes Verhalten kann und muss ein Mensch verstehen, wenn er einfühlsam ist. Aber trotzdem muss das Verhalten eines Störers, der seine eigenen „Bedürfnisse", warum auch immer, über die Lern- und Lehrinteressen vieler anderer stellt, energisch und unmissverständlich als falsch und schlecht zurückgewiesen werden.

Ich könnte danach wieder ganz freundlich zu ihm sein, neu anfangen in positiver Zuwendung (4. Gesetz), gerade weil ich die Situation klipp und klar klären konnte, weil ich ihn – jetzt sage ich das „böse Wort" – bestrafen durfte (12. Gesetz). Nicht Fehler sind das Problem, die treten sowieso immer wieder auf. Unsere Macht- und Hilflosigkeit, damit umzugehen, macht uns kaputt, treibt uns in den Burnout.
Alles was wir besonders bedeutungsvoll mit dem Seufzer schwerer Kraftanstrengung tun, geht uns eher nicht so leicht und erfolgreich von der Hand. Deshalb wundert es mich nicht, dass nach meinen subjektiven Beobachtungen nicht selten gerade Psychologen- und (Sozial-) Pädagogen-Kinder besondere Schwierigkeiten machen. Erziehen ist einfach und erfolgreich, wenn wir nicht besonders „klug" sein wollen, immer auf dem neuesten Stand der Wissenschaften. Wir müssen „nur" uns und unseren Kindern vertrauen und letztendlich auch dem Leben. Das gibt uns den Mut und die Kraft zu handeln, unseren Kindern die eigenen Werte und Überzeugungen im Alltag mitzuteilen, sie erzieherisch zu führen, anstatt sie von Therapiesitzung zu Therapiesitzung zu fahren. Diese sollen in vielen Fällen das Vakuum füllen, das aus dem Kleinmut und der Unsicherheit der Eltern entsteht.
Dafür war ich viel zu stolz auf mich und meine Kinder, als dass ich ihnen nicht selbst mitgegeben hätte, was die Mitte des Lebens für mich ausmachte.*

* Damals, heute sieht das auch schon wieder anders aus. Aber es ist gar nicht wichtig, ob das, was wir anbieten, vollkommen richtig ist. Wichtiger ist, dass wir überhaupt klare Konturen dessen zeichnen können, was uns wichtig ist und dass wir sie mit Leidenschaft und Überzeugung vertreten. Nur so können sich die Kinder damit auseinandersetzen.

Offenbar gehört ein Stück Eitelkeit, Stolz auf das Eigene, mit dazu, seine Kinder gut zu erziehen. Sie machen was aus den elterlichen Vorgaben, was Anderes, ihr Eigenes. Aber erst einmal brauchen sie sie als Ausgangsmaterial, so wie in der Regel die Muttersprache die beste Voraussetzung ist, weitere Sprachen zu lernen. (Und selbst wenn Kinder zwei, drei Sprachen auf einmal, sozusagen gleichberechtigt nebeneinander lernen, befördern diese dann weitere und andere Ausdrucksmöglichkeiten.)

Einerseits bietet unsere Welt so viele Lebensmöglichkeiten gleichzeitig an und es ist so viel „gleich gültig“ wie noch nie und andererseits bleibt es dabei: Wirklich ausleben können wir sie nur nacheinander, Schritt für Schritt.*

* Es ist auch das Problem eines jeden Autoren, dass er zwar viele Gedanken gleichzeitig denken, sie aber nur nacheinander aufschreiben kann.

Dieses Spannungsverhältnis überfordert viele Menschen. Vor lauter Möglichkeiten versäumen sie, sich auf eine richtig einzulassen. Deswegen rennen sie ewig weiter Moden hinterher und dem, was angeblich „in“ ist. Wer aber nie ankommt, wird unsicher und unzufrieden, apathisch und hektisch zugleich. Und dann wundern wir uns, dass Hyperaktivität zunimmt? Kinder spiegeln das Wesen ihrer Welt.

PILLEN UND THERAPIEN SIND HILFEN, NICHT MEHR UND NICHT WENIGER.
Das gilt, wenn Folgendes zutrifft: Die Eltern haben „Pech“ mit den Erbanlagen ihrer Kinder und sie befinden sich in einer komplizierten Lebenssituation. Diese verschlimmert sich vielleicht noch dadurch, dass sozusagen zwei Spitzen aufeinander treffen, weil die Eltern z.B. ähnlich aufbrausend und unruhig sind wie ihre Kinder, und es zu wenige hilfreiche Menschen in ihrer alltäglichen Umgebung gibt, die das ausgleichen können. Dann können Medikamente und Therapien hilfreich sein, um überhaupt erst einmal wieder einen Zugang zum Kind zu kriegen.

Aber sie sind nichts weiter als vorübergehend zu nutzende Hilfsmittel: Das Entscheidende bleibt das In-Ordnung-Bringen gestörter Beziehungen, dass jeder seinen sicheren Platz im Familiensystem findet, die Eltern als freundliche Anführer und die Kinder als ihre Nachfolger, die deswegen in Ruhe spielen und lernen können, weil sie nicht entscheiden müssen, wo es lang geht.

Hektische und labile Kinder brauchen mehr ruhige und zuverlässige Führung als Kinder, die sowieso schon von ihrem Wesen her ruhig und beständig sind. AD(H)S-Pillen und Therapien sind Krücken, sie erleichtern vorübergehend das eigene Gehen. Eltern und Kinder müssen aufpassen, dass sie sich nicht an sie gewöhnen.

Das schlechte Gewissen lässt sich nämlich gut damit beruhigen, ständig zum Therapeuten (Ergo-, Psycho- und Physio-) zu gehen. (Wir machen ja was! Hab’ schon gar keine Zeit mehr für was anderes!) Dann müssen sie

im Alltag zu Hause nichts mehr ändern, flüstert ihnen vielleicht paradoxerweise ihr Unterbewusstsein zu, obwohl es bei diesen Therapien ja gerade darum geht, exemplarisch zu zeigen, wie ein Mensch immer, erst recht im gewöhnlichen Leben handeln sollte.
Eltern, die Therapien für ihre Kinder in Anspruch nehmen, dürfen nie vergessen, wie schön es sein wird, wenn das Kind sie nicht mehr braucht. Das ist das Ziel, zu lernen, mutig auf den eigenen Füßen zu stehen und mit ihnen selbst zu laufen. Auch hier zeigt sich, dass eine gute Erziehung nur mit Lebensmut und Zuversicht gelingt. Angst macht klein – Kinder sollen aber groß werden.

DAS SCHEITERN NICHT HERBEIBEFÜRCHTEN. Wer befürchtet, dass seine Kinder scheitern werden, trägt viel zu diesem Scheitern bei. „Was auch passiert (ist), du bist gut, du schaffst es!“, diese Botschaft müssen wir unseren Kindern wieder und wieder geben. Keiner ist so beeinflussbar von dem Bild, das andere von ihm haben, wie Kinder von der Zuversicht oder Resignation elterlicher Personen. Wenn sich Prophezeiungen erfüllen, sind es zuerst die, die Eltern ihren Kindern mit auf den Lebensweg geben – nur selten können sich starke Kinder im Sinne eines „Nun-erst-recht!“ aus diesem Sog herausarbeiten, erst zur Seite hin und dann nach oben.
Ich will keinen beleidigen und in seiner Not verhöhnen. Aber genau genommen, denke ich, bräuchten in vielen Fällen eher – zumindest: auch – die Eltern hyperaktiver Kinder Ritalinpillen, damit sie so ruhig und mutig werden können, wie ihre Kinder sie brauchen. Auch Michael Winterhoff stellt aus seiner Sicht als Kinder- und Jugendpsychiater fest, dass AD(H)S keine Krankheit ist. Es ist eine Entwicklungsstörung, ausgelöst durch Unordnung im menschlichen Miteinander, so dass das Lösen von Widersprüchen als Triebkraft der Entwicklung entfällt.
Dafür gegenüber Kindern und Jugendlichen zu sorgen, nenne ich Erziehung. Michael Winterhoff steht diesem Begriff sehr skeptisch gegenüber. Ich kann und will ihn gern benutzen, weil ich weiß, dass Erziehung viel mehr ist, als einzelne pädagogische Maßnahmen zu ergreifen, mehr als Belehrung und Moralpredigt, nämlich all das, was ich hier in diesen Gesetzen zu erläutern versuche: Die gezielte Gestaltung von menschlichen Beziehungen zwischen den Erwachsenen einerseits und zwischen diesen und den Minderjährigen andererseits so, dass sich die Letzteren gut entwickeln können.

DAS GUTE STEHT MIR ALLEIN ZU – DAS BÖSE SOLL DIE GESELLSCHAFT TRAGEN? Ich fürchte, dass die Tendenz, sich hinter Krankheiten zu verstecken und nicht einmal ein Minimum eigener Aktivität zu investieren, um ihre negativen Folgen für die Mitmenschen zu mindern, typisch für die Mentalität unserer Gesellschaft ist.

Ich zum Beispiel bin willensschwach und etwas übergewichtig. Es wäre hilfreich für mich, wenn die Krankenkassen sagen würden: Für Übergewicht musst du mehr bezahlen als ohne. Leider gönnen sie mir und vielen anderen diese hilfreiche Unterstützung meiner Motivation nicht. Ich weiß genau, dass ich eher Nein sagen könnte zu mancher Versuchung, wenn ich genau wüsste, mein Nein lohnt sich auch finanziell, damit spare ich auf die Dauer pro Monat zehn, zwanzig Euro. Übergewicht tut nicht weh, zumindest dann, wenn es sich auszubilden beginnt. Da könnten doch – finanzielle – Ersatzschmerzen hilfreich sein, um deutlich zu spüren:

Dieser Weg, den du gehst, ist falsch. Aber sofort wird in unserer Wohlstandsgesellschaft – ähnlich wie bei AD(H)S – lamentiert, es gäbe Menschen, die könnten nichts dafür und die dürfte man doch nicht bestrafen. Die ganz einfache Logik sagt mir im Falle des Übergewichts: Es kann sich nicht mehr Fett in meinem Körper ansammeln als ich direkt oder indirekt konsumiert habe. Und wenn die ganz persönliche Eigenart meines Stoffwechsels darin besteht, dass selbst hohe körperliche und/oder geistige Aktivitäten nur zu einem weit unterdurchschnittlichen Verbrauch von Kalorien führen, dann kann ich doch nicht meine Mitmenschen dafür verantwortlich machen!

Gerade das, was besonders eigenartig ist, braucht auch die ebenso persönliche Übernahme der Verantwortung für die Folgen, die sich daraus ergeben. Das müssen Kinder von Kindesbeinen an lernen, denn das ist schwer, jedenfalls, wenn sie so verwöhnt – an das Falsche gewöhnt – sind wie die meisten Deutschen, wofür sie selber ja nichts können.

Ist jemand z.B. sehr erregbar und unkonzentriert, dann muss er persönlich lernen, damit umzugehen, damit der Schaden nicht zu groß wird. Seine Eltern müssen ihn führen und trainieren auf diesem Weg, so lange er ein Lebensanfänger ist – das ist ihre Verantwortung, und die Gesellschaft sollte ihnen dafür dankbar ein, denn sonst kommt das Leben zum Stehen in Deutschland, weil sich immer mehr sagen: Warum soll ich mir diese zusätzliche Arbeit aufbürden, wenn ich nur argwöhnisch beobachtet werde, wie ich sie erledige – vielleicht auch noch von denen, die selbst keine Kinder haben –, aber keinen Respekt, keinen Dank für diese Lebensleistung erhalte.

Wenn ich aber sage, Staat, du bist für die Folgen meiner Besonderheiten verantwortlich, dann müsste ich doch auch bereit sein, mich von ihm gängeln zu lassen. Das kommt natürlich gar nicht in Frage in unserer freien, aufgeklärten Gesellschaft. Nicht nur die Banken sind so „böse": Den Gewinn kriege ich persönlich, das Risiko trägt die ganze Gesellschaft. Auch wir selbst sind es im Alltäglichen: Den Genuss will ich persönlich, und zwar sofort, für die Kosten der Folgen soll die ganze Gesellschaft aufkommen. Das gilt natürlich genauso für den Alkohol- und Nikotinmissbrauch.

GEGEN DEN STROM DES ZEITGEISTES KANN KEINER AUF DIE DAUER GUT ERZIEHEN. Diese Mentalität unserer Gesellschaft ist erzieherisch absolut kontraproduktiv, denn Kinder verlernen so, die Verantwortung für die Folgen ihres Handels zu übernehmen, wie das zum Beispiel beim Umweltschutz – bei der CO_2-Produktion oder beim radioaktiven Abfall – moralisch bombastisch eingefordert wird. Wer soll das glauben, wenn es im Alltäglichen und Persönlichen nicht gilt? Aber dieses Gesetz – jeder hat die Folgen seines Handelns letztendlich selbst zu tragen – kann nicht für alle Zeiten außer Kraft gesetzt werden, selbst im deutschen Gutmenschen-Land nicht. Ich bin überzeugt, dass uns der Lauf der Welt zwingen wird, das zu akzeptieren. Die Welt – oder das Leben – ist letztendlich immer der wirkungsvollste, weil konsequenteste Erzieher.

Gelingt uns diese Mentalitätsumkehr nicht und betrachten wir sie nicht als Voraussetzung, Kinder zu erziehen, die sich ihrer Persönlichkeit und der ihrer Mitmenschen immer besser bewusst werden können („selbstbewusste" Kinder), fallen wir zurück, auch im internationalen Wettbewerb. Dass Deutschland als Wirtschafts- und Industriemacht in der Welt an vierter Stelle steht und in Europa mit weitem Abstand vor Frankreich, England und Russland die Führungsposition einnimmt, hat nach meiner Überzeugung mit Resten der in der Erziehung heute in Frage gestellten Sekundärtugenden wie Gründlichkeit, Ausdauer, Zuverlässigkeit, Pünktlichkeit und Pflichtbewusstsein zu tun.

Woran sollte es sonst liegen nach zwei verlorenen Weltkriegen? Die sogenannten „deutschen Tugenden" – jedenfalls beim Fußball dürfen wir sie so nennen – sind nichts anderes als das Ergebnis einer jahrhundertealten

Praxis von Ordnung und „Gemütlichkeit", z.B. auch in der Vorweihnachtszeit zu bewundern, wie sie bis heute besonders in Dörfern, kleineren und mittleren Städten Deutschlands gehandhabt wird.
Lange halten diese Mentalitätsreserven nicht mehr vor, wenn wir nicht auf neu-alte Weise zu erziehen beginnen. Es reicht aber keinesfalls, einfach nur zum Alten zurückzukehren:

ICH WILL DIE ZEIT NICHT EINFACH ZURÜCKDREHEN. Ich will Altes mit Neuem verbinden: Zweiseitigkeit (mindestens) – das ist ein Grundprinzip, das das gesamte Buch durchzieht. Das Neue ist, die Kinder darin zu bestärken, ihre persönlichen Gedanken und Gefühle auszudrücken, auf ihre eigene Weise ehrlich und echt. Das geht gerade dann gut, wenn ihnen ein klares Normen- und Wertesystem zur Verfügung steht, das ihnen Halt gibt: Ehrlichkeit ja, das kannst du dir leisten, weil du geschützt bist in einer klaren Ordnung menschlicher Beziehung.
Beleidigungen und Verächtlich-Machen: Nein. Deine Eltern und Lehrer passen auf, denn sie tragen die Verantwortung. Sie sagen rechtzeitig „Stopp!" Das hat nichts damit zu tun, die Zeit zurückzudrehen, wie mir manche vorwerfen. Ja, ich will, dass die Erziehenden führen, dass sie Macht über die Kinder haben, um ihrer Verantwortung gerecht werden zu können. Aber diese klar geregelte Ordnung der Liebe, in der jeder seinen Platz hat und nicht alle gleich sind, ist nur Mittel zum Zweck: Sie gibt den Rückhalt und die Standsicherheit, die nötig sind, um sich öffnen zu können für den anderen, um ehrlich und authentisch zu sein.
Welche Autoritätsperson alter Zeit hat schon ihre Macht genutzt, um den Kindern stabil und in sich ruhend ein echter Mitmensch zu sein, offen und ehrlich, mit eigenen Gefühlen und Gedanken, auch Ängsten und Schwächen? Nur so können diese lernen, sich ihrerseits zu öffnen, und das ist entscheidend für ihre Persönlichkeitsentwicklung.
Ich habe versucht, es zu tun, in der eigenen Familie und auch in der Schule. Das ist ein schwieriger Balanceakt, weil sich hier etwas miteinander verbindet, Altes und Neues, das sich scheinbar ausschließt. Es ist mir 2009/2010 als Schulleiter der Paulus-Schule Königswartha nicht vollständig gelungen. Aber ich bin heute mehr denn je überzeugt: Er ist richtig und nötig.
Unseren Wohlstand können wir im Wettbewerb insbesondere mit den asiatischen Volkswirtschaften niemals halten, wenn die Kinder bei uns weiter mit der Illusion aufwachsen, das Wichtigste im Leben sei, ob sie zu

etwas „Lust haben" oder nicht. Ist Pflichtbewusstsein erst einmal entstanden, kann auf dieser Grundlage Individualisierung hilfreich sein, aber erst dann, und sie kann von den Kindern auch erst dann richtig wertgeschätzt werden.

DIE ERZIEHERISCHE LIEBE BRAUCHT EIN MACHTGEFÄLLE. Liebe braucht bei der Erziehung ein natürliches Gefälle der Generationen, um fließen zu können. Dieses ist in unserer Gesellschaft in einer allgemeinen Gleichmacherei zwischen Kindern und Erwachsenen eingeebnet worden. Jetzt stehen die Lebenswasser und müssen durch künstliche Attraktionen aufgewirbelt werden. Das ist kein wirkliches Fließen.

Was tun? Worin besteht ein Anfang der grundsätzlichen Lösung, die alles viel einfacher machen würde? Bevor die erwachsenen Mütter und Väter ihre Kinder gut lieben und erziehen können, müssen sie sich untereinander lieben. Die Frau muss wissen: Wenn ich mein Kind liebe, muss ich zuerst seinen Vater lieben. Und der Mann muss wissen: Wenn ich mein Kind wirklich liebe, muss ich zuerst seine Mutter lieben. Ich muss es wenigstens ehrlich und immer wieder versucht haben, bevor ich akzeptiere, dass es nicht geht. Das ist das 6. Gesetz: Die Mann-Frau-Beziehung ist die Grundlage gelingender Mütterlichkeit und Väterlichkeit.

Wie ist die Realität? Werdende Mütter verkünden stolz: Ich freue mich so auf mein Kind. Das ist die Nummer 1 in meinem Leben. Dann kommt lange gar nichts und dann kommt mein Mann, aber in erster Linie als mein Assistent, Helfershelfer und Handlanger für die Dienste am Kind. Letzteres sagen sie zwar nicht, meinen es aber.

Wenn ich so etwas lese, denke ich: Das ist der Anfang vom Ende der Familie. Und das ist so traurig, weil es primär und ganz massiv den Kindern schadet, sollte es wirklich dazu kommen, denn sie haben ein Recht auf Mutter und Vater, idealerweise in einer Familie vereint. Mütter sagen und praktizieren so etwas nicht aus Bosheit, sondern aus Liebe. Sie glauben ehrlich, dass das Kind im Mittelpunkt der Familie stehen müsste. Das stimmt ja auch insofern, als sich in seinem ersten Lebensjahr in der Tat alles um es drehen muss. Es gibt wohl keine Zeit im Leben von Menschen, in der sie sich so unterordnen und umstellen müssen, wie wenn ein Neugeborenes in ihr Leben tritt.

Deswegen gibt es heute ja auch zunehmend Fälle schlimmer Kindesvernachlässigung. Solche Eltern haben nie gelernt, was es heißt, Pflichten zu haben, die erledigt werden müssen, ob sie nun Lust dazu haben oder nicht. Obwohl ein neugeborenes Kind also alles im Leben seiner Eltern ändert, bleiben diese trotzdem als Frau und Mann das Zentrum der Familie, führen sie gemeinsam an. Sie können ihr Kind auf die Dauer nur lieben und stärken, wenn sie das zuerst mit sich selber tun. Das nützt auch dem Kind, denn es kann sich nur so stark fühlen, wie seine Eltern, insbesondere durch ihre gegenseitige Liebe, es selbst sind. Das Gefühl seiner Geborgenheit, seiner Lebenssicherheit insgesamt, hängt davon ab.

Es gibt sicher auch seelisch reife Alleinerziehende, die die Welt und sich stark lieben, so dass ihr Kind von ihnen allein dieses gute Gefühl übernehmen kann. In der Regel brauchen junge Frauen und Männer aber für so ein positives Lebensgefühl einen Partner. Wer keinen hat, braucht Stärkung von den eigenen Eltern, anderen Familienmitgliedern oder Freunden. Das ist als zusätzliche Unterstützung natürlich genauso für die Mütter und Väter gut, die sich schon gegenseitig als Lebenspartner haben. Auch die Gründung von Selbsthilfegruppen Alleinerziehender kann hilfreich sein. Kinder lernen viel mehr durch Sitte und Brauch als durch Gardinenpredigten.

Und Sitte und Brauch lassen sich überzeugend viel besser praktizieren, wenn mehrere Erwachsene dies für mehrere Kinder aus unterschiedlichen Familien tun. Deswegen können viele Kinder etwas im Kindergarten – z.B. stillsitzen beim Essen und mittags schlafen –, was ihnen zu Hause nie gelingt.

Das 6. Gesetz (2. Teil): Erst die Mama/der Papa, dann du, mein Kind

Zu viel des Guten lässt es Umkippen in Böses

Wir sind noch beim 6. Gesetz: Damit Mutter und Vater gut mütterlich und väterlich für ihre Kinder sein können, müssen sie zuerst gut Mann und Frau füreinander sein. „Für mich stehen meine Kinder im Mittelpunkt", hört sich zwar gut an, kann ihre Persönlichkeitsentwicklung aber erschweren. Ich selbst habe so gedacht und dann erst später gemerkt, dass die volle Ausrichtung auf die Kinder ihre Entwicklung erschwert.
Das ist paradox. Wahrscheinlich tritt dann so eine Art „Den-Wald-nicht-sehen-können-vor-lauter-Bäumen-Effekt" in Kraft. Aber er ist bei den „besseren Menschen" unserer Zeit üblich geworden. Schauen Sie sich mal einen Kino- oder Fernsehfilm aus den letzten Jahren an, in dem Kinder oder Jugendliche auf Erwachsene treffen. Es ist völlig klar, wer sich nach wem auszurichten hat: Natürlich die Erwachsenen nach den Kindern. So pauschal ist das ebenso moralisch korrekt wie verlogen. Deswegen gehen diese „Muttis" und „Vatis" ja auch so vielen Mitmenschen auf die Nerven und – unter anderem – deswegen gibt es ja auch nur so wenige junge Leute hier in Deutschland, die Mutti oder Vati werden wollen.
In gewisser Weise ist es schon nötig, dass sich bei der Erziehung die verantwortlichen Erwachsenen auf die Kinder ausrichten – Erziehung ist ja schließlich die bewusste Gestaltung ihrer Beziehung zu den Kindern –, aber so, dass die Kinder lernen, sich immer besser auf ihre Mitmenschen einzustellen und sich auf sie abzustimmen. Das bedeutet, psychisch zu reifen. Dadurch entwickelt sich eine Urbeziehungsfähigkeit, die ebenso wichtig ist wie das Urvertrauen.

ES IST SO SCHÖN, SICH AUFZUOPFERN, BESONDERS FÜR KINDER MIT GROSSEN AUGEN. Wer glaubt, der Gipfelpunkt der Moral sei erreicht, wenn die Unterordnung der Erwachsenen unter die Kinder, ihre Aufopferung für sie als fortlaufender Selbstzweck praktiziert wird, schadet ihrer Entwicklung immens. Das Kind verliert seinen „Sparringspartner" für das Leben, es darf und soll nicht lernen, mit ihm auf eine gute Weise zu kämpfen.
Es kann so bleiben, wie es ist, wenn sich die Eltern ihm anpassen. Es entwickelt sich nicht. Eltern, die sich für besonders gut und lieb halten, haben

z.B. ihre Fähigkeit perfektioniert, die Baby- und Kleinkindsprache ihres Nachwuchses zu verstehen. Irgendein dahin genuscheltes Stichwort reicht und prompt bekommt das Kind, was es will. Warum sollte es jetzt noch lernen, sich in grammatisch richtigen, vollständigen Sätzen auszudrücken?

DIE SYMBIOSE ALS NOTWENDIGKEIT UND BEZIEHUNGSSTÖRUNG. Diese falsche Moral – die volle Ausrichtung derer, die das Leben am Laufen halten, auf angeblich Bedürftige oder auf das, was gerade modern ist in der Welt – schadet allen, selbst denen, die zunächst davon zu profitieren scheinen. Sie führt in familiärer Hinsicht zur seelischen Verschmelzung zwischen Mutter/Vater einerseits und dem Kind andererseits. Die Symbiose zwischen Mutter und Kind, die in seinen ersten Lebensmonaten dringend nötig ist, soll für „ewig" festgehalten werden.

Aber alles, was stehen bleibt in seiner Entwicklung, muss Schaden nehmen. Das Kind soll weiter von seiner Mutter total abhängig bleiben, denn diese braucht es für sich. Deswegen wird jede Eigenständigkeit des Kindes, die es sich mühsam erworben hat, von solchen überliebenden Eltern sofort rückabgewickelt. Michael Winterhoff beschreibt diese künstlich verlängerte „Symbiose" als schwerwiegendste der heute massenhaft auftretenden Beziehungsstörungen zwischen Müttern oder Vätern und ihren Kindern. Diese Eltern sind mit der Welt und ihren Nährwerten verbunden über ihr Kind, aus Liebe, aber aus ängstlicher, kleinmütiger Liebe. Würden diese Eltern die Welt und sich selbst großmütig, zumindest mutig lieben, müssten sie ihre Kinder nicht vereinnahmen; sie könnten sie als eigenständige Menschen lieben.

Das Leben scheint so konstruiert zu sein, dass sich gerade in Notzeiten Pflanzen (z.B. Pilz und Baum), Tiere und Menschen durch ihre symbiotische Verbindung zum Überleben verhelfen. Eine solche Notzeit ist für den neu geborenen Menschen eindeutig angebrochen. Er ist noch gar nicht reif für diese Welt. Im Mutterleib gab es eine gleichbleibende „Bauchtemperatur", der körperliche Kontakt mit der Mutter war fortwährend da und zugleich durch das Fruchtwasser gedämpft, sozusagen abgefedert. Jetzt plötzlich ist das Baby der Härte und der Kälte dieser Welt ausgeliefert. Logisch, dass es in seinen ersten Lebensmonaten der Fortsetzung der engen Verbindung mit seiner Mutter bedarf, zwar auf eine neue, schon viel offenere Qualität, aber insgesamt doch noch als Symbiose. Und die Mütter und Väter, die mit ihrem Kind, auch wenn es in die Schule geht, noch immer symbiotisch verbunden sind, befinden sich ebenfalls in einer psychischen Notsituation. Ihre Beziehungen zu erwachsenen Partnern sind gestört. Die Angst ist zu groß, sich füreinander zu öffnen, sich einander auszuliefern – ich halte das für zwei Wesensmerkmale der partnerschaftlichen, erotischen Liebe.

Da kam das eigene Kind gerade recht. Es ist klein. Mutter oder Vater kann es hereinlassen in sich, es vereinnahmen. So kommt es, dass solche Eltern sich persönlich angegriffen fühlen, wenn ihr Kind in der Schule eine schlechte Note oder einen Eintrag erhält. „Wir haben doch so gut und so viel gelernt, wieso kriegen wir jetzt nur eine Drei?!" Wer seinem Kind so nahe ist wie einem siamesischen Zwilling, kann es nicht mehr erziehen. Dazu gehört nämlich ein Stück Distanz. Wir erkennen die Fehler am anderen immer viel leichter als an uns selbst.

Die anderen sind die „Bösen", die Lehrer und Mitschüler; das Kind und Mutter oder Vater sind eins, wie soll da einer den anderen auf eine vernünftige, bewusste Weise mit seinen Fehlern konfrontieren? Das Kind kann das sowieso noch nicht. Und seine Eltern können es so auch nicht. Seine eigenen „Macken" kriegt man von innen nämlich gar nicht mehr mit, da muss ein „gnädiger", guter Freund kommen, der einem sagt: „Du hast Mundgeruch!" Oder: „Kriegst du eigentlich selbst mit, dass du bei diesem Thema ganz schnell beleidigend wirst?"

Im übrigen ist es auch so mit den Stärken. Auch diese können Eltern nicht voll erkennen, die sich mit ihrem Kind identifizieren, denn sie gehen dann nur von sich aus und haben ebenso Schwierigkeiten, das Plus zu sehen wie das Minus, das ihr Kind von ihnen unterscheidet.

KEINER KANN SICH SELBST AUF DEN MUND KÜSSEN.*

* Auf die Idee hat mich das neue Album von Max Raabe „Küssen kann man nicht alleine" gebracht.

Das geht im übertragenen – seelischen – Sinn nur, wenn wir es vorher praktisch mit anderen taten. Deswegen können wir unsere Kinder nicht erziehen, wenn wir uns mit ihnen identifizieren und sie vereinnahmt in „unserem Herzen tragen". Wir können auch uns selbst nur erziehen, wenn wir intensive Beziehungen zur Außenwelt eingehen, wenn wir überhaupt eine solche haben.

Die Liebe kann nicht in uns hocken bleiben. Erst dadurch, dass wir sie herauslassen und etwas „Außerichliches"* (Fremdes, Anderes) lieben, kommt sie gereinigt und angereichert in uns – auch als Eigenliebe – zurück.

* Verzeihen Sie mir bitte meine Wortschöpfungen. Ich hoffe, dass sie zum Stocken des Gedankenflusses führen, zu einem stolpernden Innehalten und Sich-Vergewissern, und wir dadurch aufmerksamer und bewusster verstehen können – ich mich selbst auch. Ich möchte Ihre eigenen Assoziationen anstoßen, möglichst weit hinein in den Hintergrund eines Gedanken-Systems, das durch die Sprache selbst getragen wird, gar nicht mal mehr durch den, der einen Gedanken angerissen hat.

Wir leben in den westlichen Wohlstandsgesellschaften im „Zeitalter isolierter Punkte" (oder Atome oder Elementarteilchen). Sie schwirren haltlos durch die Welt. Wenn sie sich in einer Beziehung zu einer „Strecke" verbinden, sind sie den Turbulenzen ihrer Welt schon nicht mehr ganz so ausgeliefert. Am stabilsten wären sie in einem (groß)familiären Netz mit der Elternbeziehung als Mittelpunkt. Achtet anstatt dessen jeder Punkt nur auf sich selbst, führt das zu einem geistig-seelischen „Tunnelblick", der auf das Eigene und Bisherige zurückweist. Vereinzelte „Elternteile" mit dieser Mentalität ziehen ihr Kind in ihren engen seelischen Kreis, sie brauchen es für sich, machen es zu einem (Ersatz)Lebenspartner, mit dem sie ihr Glück und Leid teilen und mit dem sie „gleichberechtigt" alles besprechen und regeln.
Kinder haben aber ein Recht darauf, sich spielend und lernend auf das Leben vorzubereiten, ohne Verantwortung tragen zu müssen für das Leben ihrer Mütter oder Väter. Sie wollen einfach nur dazugehören und ihren Eltern vertrauen können, ohne existentielle Fragen entscheiden zu müssen.

GLEICHBERECHTIGUNG! GLEICHVERPFLICHTUNG? Sie wollen diese – auf jeden Fall vor der Pubertät – nicht einmal mitentscheiden, wenn sie noch nicht verzogen und an das Falsche gewöhnt (verwöhnt) sind. Das ist ja auch eine Last, die nicht auf zarte Kinderschultern gehört. Michael Winterhoff empfiehlt in diesem Zusammenhang ganz zu Recht, das schöne Wort „Gleichberechtigung" durch „Gleichverpflichtung" zu ersetzen (vgl. 2009).
Rechte und Pflichten gehören zusammen. Sofort wird klar, welcher Unsinn es ist, Kinder zu gleichberechtigten Partnern ihrer Eltern, Erzieher

oder Lehrer zu erklären. Diese tragen die Verantwortung für die Kinder – und nicht umgedreht. Deshalb stehen Eltern, Erzieher und Lehrer in der Mitte des Lebens ihrer Kinder bzw. Schüler, zumindest vor ihrer Pubertät. Sie geben ihnen Orientierung, können sie schützen, weil sie stark sind und wissen, wo es lang geht. Kinder haben ein Recht, zu diesen verantwortlichen Erwachsenen aufzusehen, wenn sie verunsichert und irritiert sind. Dann reicht ein Partner „auf Augenhöhe" nicht; den haben sie ja auch schon in ihren Freunden und Geschwistern.

ALS MUTTER UND VATER SICH ZUERST GEGENSEITIG STÄRKEN. Wie geht das praktisch? Steve Biddulph, einer der weltweit anerkanntesten Erziehungsberater, hat es in seinem Buch „Glückliche Kinder" schon Ende der Achtziger Jahre beschrieben:

- „Lernen Sie, für Ihre Kinder so langweilig zu sein, dass sie Sie eine Weile in Ruhe lassen." Also keine Überbietung des Nachbarn mit besonderen Attraktionen für die Kinder. Viel wichtiger ist, im Alltag ruhig und zuverlässig für sie da zu sein, z.B. täglich mit ihnen zusammen zu essen und andere Rituale zu pflegen, durch die Eltern und Kinder geregelte Zeiten intensiver Gemeinschaft haben.
- „Verbringen Sie 10 Minuten mit Ihrem/Ihrer Partner/in, wenn er/sie nach Hause kommt: Tauschen Sie gute Nachrichten aus oder seien Sie einfach zusammen. Wenn die Kinder sich ruhig verhalten, können sie dabeibleiben; wenn nicht, werden sie in ein anderes Zimmer geschickt." Natürlich kann Papa oder Mama, wenn er/sie von der Arbeit nach Hause kommt, den Nachwuchs liebevoll begrüßen, umarmen und drücken. Aber dann – das wäre so wichtig, wenn Kinder dies rechtzeitig lernen könnten – ist erst einmal die Frau/der Mann dran.

Können die Kinder trotz Ermahnung nicht still zuhören, was ihre Eltern sich zu erzählen haben, werden sie sanft, aber bestimmt an den Schultern gefasst und in das Nachbarzimmer „geschoben": „Wenn du sicher bist, dich nicht mehr in unser Gespräch drängeln zu müssen, darfst du wieder kommen." Das wäre auch so eine praktisch-körperliche Erfahrung, ohne groß zu reden, die in die richtige Richtung führt wie das bereits erwähnte Noch-ein-klein-wenig-sitzen-Bleiben auf dem Schoß, obwohl das Kind eigentlich herunter will (siehe 3. Gesetz). Zu erziehen bedeutet viel mehr, die Kinder das Richtige selbst tun zu lassen – und sei es still zu sein –

(Gold), als ihnen Reden zu halten (Bronze). („Silber“ ist in diesem Bild, ihnen gut zuzuhören.)

CHARAKTER ENTSTEHT NICHT AUS REDEN, SONDERN AUS DEM RICHTIGEN TUN IM ALLTAG. Dieser bietet dafür Gelegenheiten zuhauf. Die pädagogische Kunst besteht zum überwiegenden Teil darin, sie zu erkennen und zu nutzen, gerade für das Erlernen eines guten, d.h. vor allem einfühlsamen Verhaltens. „Rücksicht nehmen“ bedeutet, nach hinten zu schauen. Kinder wollen nach vorn stürmen. Deswegen müssen sie diese schwierige Kunst besonders oft und achtsam im Alltag trainieren.

Zwei weitere Beispiele dafür erwähnte ich bereits. Es geht immer um die Fähigkeit, nicht sofort den ersten eigenen Impulsen zu folgen, sondern auch die Bedürfnisse seiner Mitmenschen zu beachten: 1. Das Kind hat sich ab dem Kindergartenalter zum gemeinsamen Essen hinzusetzen, ob es Hunger hat oder nicht. Hierzu gehört: Zu warten mit dem Essen, bis alle da sind, und erst dann aufzustehen, wenn Mama/Papa oder andere, die in diesem Moment die Verantwortung tragen, das erlaubt haben. (Das klappt sogar an Schulen, z.B. an der Paulus-Schule Königswartha.) 2. Es gibt Ruhezeiten im Tagesablauf, die gelten unabhängig davon, ob jeder einzelne ruhebedürftig ist oder nicht.

Leise zu sein ist nicht nur ein passiver Verzicht, sondern bedeutet für viele Kinder, aktiv auf sich selbst aufzupassen. Das ist eine ebenso wichtige wie schwierige Übung. Eltern können sie öfter einflechten in den Alltag, zum Beispiel beim Spazierengehen: Seid mal ganz ruhig! … (eine Weile, die von Übung zu Übung länger wird, wirklich warten; bei Quasselversuchen nur ein Heben der Hand, maximal ein „psst“) … Hört ihr das? … Dieses leise Brummen von weither? … Solche Übungen, still zu werden und zu bleiben, dürfen sich keineswegs auf gefühlige Situationen beschränken, in denen der persönliche Lustgewinn sofort eine Motivation für das Schweigen hergibt: Z.B. das leise Brummen von weither.

Für sentimentale Gemüter wie mich ist das ein beachtliches Stück Motivation. Sie kann und soll eine Brücke sein für die Ausbildung der generellen Fähigkeit, die „Klappe zu halten“, z.B. ebenso in der Kirche oder im (Lichtspiel)Theater, auch dann, wenn jemand nicht persönlich ergriffen ist. Absolute Ruhe ist ohne jede Gefühligkeit z.B. auch in Konzentrationsphasen des Mathematik- oder Grammatikunterrichts nötig, beim gemeinsamen Ruhen im Kindergarten oder in der Schule oder auch in der Sauna. (In den Saunen kann übrigens gut die Unfähigkeit heutiger Erwachsener studiert werden, Rücksicht auf den Mitmenschen zu nehmen. Das eigene persönliche Quasselbedürfnis ist allemal wichtiger als das Ruhebedürfnis des anderen, selbst dann, wenn auf Schildern ausdrücklich um Ruhe gebeten wird.)

AUCH GARTENVEREINSVORSTÄNDE HELFEN, RÜCKSICHTSVOLLES VERHALTEN EINZUÜBEN. Viele haben die Mittagsruhezeit gegen den Zeitgeist durchgesetzt, der den Tagesablauf mehr und mehr zu einem struktur- und profillosen Einerlei verrühren will: Na und, ich esse eben um 16 Uhr Mittag! (Von mir aus, wenn derjenige volljährig ist.) Na und, ich höre eben um Mitternacht laut meine Lieblingsmusik! Nein! Damit beeinträchtigst du andere. Das lässt du gefälligst bleiben! Die Polizei müsste hier meiner Meinung nach viel konsequenter durchgreifen und z.B. die Geräte beim zweiten Mal rigoros beschlagnahmen: „Könnt ihr euch morgen im Polizeirevier wieder abholen." So einfach und so hilfreich könnte das sein und dafür bräuchte nicht einmal ein einziger Sozialarbeiter eingestellt zu werden, wenn die große Mehrheit der Bevölkerung ihrer Polizei den nötigen Rückhalt geben würde. Ich denke, dass das so ist. Schwerer haben es da schon Eltern, die sich ernsthaft mit den Rüpeleien ihrer jugendlichen Kinder auseinandersetzen wollen.
Ich merke, wie angreifbar ich mich mache mit solchen konkreten Regeln. Zum einen: Alle Gesetze der Erziehung beruhen aufeinander. Bitte vergessen Sie nie das 1. und 2. Gesetz: Ohne Liebe und Mitmenschlichkeit (Großherzigkeit, Optimismus, Humor) geht gar nichts. Zum anderen: Regeln haben einen doppelten Sinn: a) eingehalten zu werden, damit sie treu und redlich geübt werden können; b) Ausnahmen zu erlauben mit dem Wissen aller, wie es hätte eigentlich gewesen sein sollen – auch das trägt zur Stärkung der Regel bei, wenn die Ausnahme nicht selbst zur Regel wird.
Jeder, der erzieht, muss da auf sich selbst aufpassen: Ich z.B. bin in der Praxis gefährdet, zu viele Ausnahmen zuzulassen, andere wiederum sind zu starr. Um solche Schwächen auszugleichen und zu mildern, ist die vollständige Familie mit Mutter und Vater – und eventuell noch den Großeltern – stark im Vorteil gegenüber Alleinerziehenden und ein gutes Pädagogenkollegium gegenüber isoliert handelnden Lehrern.

GEGEN VERFESTIGTE GEWOHNHEITEN SIND LOGISCHE ARGUMENTE MACHTLOS. Noch einmal zu Steve Biddulph: Wollen Eltern diese Tradition einführen, dass sich Mann und Frau zuerst Zeit füreinander nehmen, wenn einer von beiden von der Arbeit nach Hause kommt, müssen die meisten große Schwierigkeiten überwinden: Das Kind kann es nicht fassen, es ist gewöhnt, Vorrang zu haben. Die Eltern erklären ihm: Haben wir zuerst Zeit füreinander, können wir gemeinsam herunterkommen vom Stress der Arbeit. Danach sind wir viel ausgeglichener für dich da.
Das Kind wird trotzdem ewig weiter diskutieren. Da hilft nur, beim alltäglichen Tun mit der ruhigen Gewissheit elterlicher Macht entschlossen neue Gewohnheiten auszubilden, mit einfacher Körperlichkeit: Wer nicht (zu)hören bzw. warten kann, muss heraus geschoben werden. Das will das Kind nicht. Prompt kommt Entwicklung in Gang, denn diese ist das Ergebnis von Widersprüchen, die das Kind für lösbar hält, dank der positiven, optimistisch-humorvollen Grundeinstellung seiner Eltern zum Leben und zu ihm.
Es ist eine geistige Entwicklung: Was ist denn jetzt mit der Welt passiert?, fragt sich das Kind konsterniert. Ich stand doch immer in ihrem Mittelpunkt. Und so war die Welt doch in Ordnung oder doch nicht? Es erinnert sich ahnungsvoll an seine alte Sehnsucht nach dem Beschütztund Geführtwerden durch seine Eltern. Aber seit Jahren wurde sie kaum gestillt, meistens musste das Kind über die Reihenfolge dessen entscheiden, was in der Familie passiert.
Fragend sahen die Eltern zu ihm: Willst du das oder lieber das? Sie stoppten das eigene Tun, wenn das Kind einen Wunsch hatte, z.B. beendeten sie ein Gespräch, das sie miteinander führten, sofort, wenn der Kleine einen von beiden anredete. Michael Winterhoff zitiert in seinem ersten Buch eine Lehrerin mit einem Beispiel aus der Schule, das hierzu passt: „Ich stehe zusammen mit einer Kollegin im Flur, um etwas zu besprechen. Ein Junge kommt mitten im Gespräch dazu und unterbricht uns. Ich sage daraufhin, dass ich – wie er sehen könne – gerade keine Zeit habe. Der Junge … berichtet weiter über seinen Vorfall. Auf meinen nochmaligen Hinweis, einen Moment zu warten, kommt die Antwort: ‚Wann seid ihr denn endlich fertig, jetzt bin ich dran. Ich muss was wissen zur Hausaufgabe. Und jetzt bin ich hier, und du hast keine Zeit. Meine Mutter findet das auch nicht gut.' Antwort der Mutter, als ich sie darauf anspreche: ‚Er ist eben sehr wissbegierig und möchte immer alles gleich verstehen. Das ist

bei solch interessierten und aufgeweckten Kindern so: Die sind einfach ungeduldig."

Alles ist menschlich, erst recht unsere Fehler. Trotzdem sollten wir uns ihrer bewusst werden. Wir müssen ja nicht fortwährend die gleichen machen. Ich habe als Lehrer und Schulleiter folgendes erlebt: Ein Kollege (männlich oder weiblich) erzählt mir etwas, was mich eigentlich nicht interessiert. An der Tür stehen ein paar aufgeweckte Schüler. Wenn es jetzt nach meinem ersten Gefühl gegangen wäre, hätte ich am liebsten das Kollegengespräch unterbrochen und mich den Kindern zugewandt: „Na, was habt ihr denn?" Zum Glück war ich mir bewusst, dass das pädagogisch das ganz verkehrte Signal gewesen wäre. So sympathisch sie sind, sie sollen warten lernen, bis sie dran sind und dann aber haben sie sich die volle Aufmerksamkeit verdient.

ALLES HAT SEINEN PREIS. So sind sie eben, die Elternsleut (natürlich nicht die aus Königswartha). Die große moralische Edelmütigkeit hat ihren Preis, zuerst zu Hause in der Familie: Gereiztheit, die entweder den Partner trifft oder letztendlich doch das Kind selbst. Das zuckersüße Immer-für-das-Kind-da-Sein lässt sich eben beim besten Willen nicht durchhalten. Es kippt um, früher oder später.

Und das ist ein sehr trauriges Missverständnis, gerade aus Liebe die Liebe zu untergraben, etwas für Kinderfreundlichkeit zu halten, was sich irgendwann gegen das Kind richten muss, weil es lebensfremd ist: Ein nicht art- bzw. kindgerechtes Verhalten, geradeso wie naturunerfahrene Großstadtkinder glauben, es wäre Liebe, die Katz oder den Hund ins Bett zu drücken und zuzudecken. Kinder können es nicht anders wissen, sie müssen von sich selbst ausgehen, solange bis sie von den Großen die nötigen Korrekturhinweise erhalten oder Katz bzw. Hund zugeschnappt haben. Eltern sind vor Liebe manchmal blind. Deswegen gebe ich Ihnen das, was ich hier schreibe, zu bedenken. Prüfen Sie es.

Das 7. Gesetz: Das gute, richtige Verhalten muss immer wieder geübt werden

Es ist noch kein Meister vom Himmel gefallen und auch noch kein gutes Benehmen

Etwas zu verstehen, ist wie eine Wanderung in das Gebirge der Erkenntnis. Langsam gewinnen wir an Höhe und Überblick. Dann ist es wichtig, innezuhalten und ein Zwischenlager aufzuschlagen. Denn wenn wir uns zu schnell fortbewegen, kommen unsere Seele und unser Geist nicht hinterher. Das ist wie bei einem Überschallflugzeug am Himmel. Ich habe es nur durch einen Zufall entdeckt, denn es fliegt lautlos. Nach einer Weile höre ich den Schall, da ist der Düsenjäger schon nicht mehr zu sehen.
So fühle ich mich manchmal. Ich habe mich selbst überholt. Ich komme mir nicht mehr hinterher. Wir alle brauchen Ruhe, Zeit und Muse, um uns selbst wieder einzukriegen,* sonst zerreißt es uns, denn eine Seele ist nicht so leicht vom Körper zu trennen, so lange er lebt, wie der Schall vom Flugzeug. Und auch deswegen brauchen Lehrer die Macht, Ruhe in ihren Klassen durchzusetzen. Von allein wollen Kinder eine solche Auszeit der Besinnung oft nicht. Erst hinterher wissen sie (wieder), dass sie ihnen gut tut.

* Wissenschaftler der Havard Medical School in Boston (USA) haben herausgefunden: Jugendliche können sich aufgrund ihrer permanenten Kommunikation im Internet schlechter konzentrieren. Wer oft multimediale Angebote wie Facebook oder YouTube nutzt, hat eine kürzere Aufmerksamkeitsspanne. Ihm fällt es schwerer, bei einer einzigen Sache, z.B. den Hausaufgaben, zu bleiben. Der Grund: Das Hirn braucht zwischendurch Ruhezeiten, um Informationen verarbeitet und „verdaut" ins Langzeitgedächtnis einzuordnen. Diese fehlen den Jugendlichen, die ständig medial aktiv sind. Wir sehen wieder einmal, wie wichtig im Leben ein guter Rhythmus ist, hier zwischen den Geräte-Mensch-, Mensch-Mensch-Beziehungen (Kind-Kind-, Kind-Erwachsener-Beziehungen in der Familie und außerhalb) und dem Nur-bei-sich-selbst-Sein, ebenso wie zwischen Anspannung und Entspannung, körperlichen und geistigen, produktiven und konsumtiven Tätigkeiten. Immer macht's die gute Mischung.

Lassen Sie uns innehalten und mich resümieren, was für dieses neue, 7. Gesetz die tragenden Gedanken der bisher genannten Gesetze sind:

MUT, IMMER WIEDER MUT. Für das Ausschreiten des Möglichen braucht man Mut, und Mut ist Mangelware in dieser Gesellschaft. Viele haben

Angst, haben keine Visionen, glauben an keine bessere Zukunft. Deswegen das auf „Nr.-Sicher-Gehen", das ewige Wiederkäuen dessen, was sich etabliert hat, gut anhört und nicht falsch sein kann. Was gibt es da nicht alles für schöne Schlagworte! Demokratische Erziehung, offene Schule, kreatives Lernen, entdeckendes Lernen, partnerschaftliche Kommunikation usw. usf. Das ist alles richtig. Es geht aber nur mit Disziplin, mit Selbstbeherrschung, und Selbstbeherrschung entsteht nur durch Beherrschung.

Das hören gute Menschen, vor allem die, die mehr über Schule und Erziehung arbeiten als drinnen, gar nicht gern. Dabei ist es doch so simpel: Nur wenn Menschen, die für mich wichtig sind, mich lieben, trotz der Probleme, die ich mache, lerne ich, mich selbst zu lieben. Richtig? Richtig! Nur wenn Menschen, die für mich wichtig sind, mir vertrauen, lerne ich, mir selbst zu vertrauen. Richtig? Richtig!

SELBSTLIEBE ENTSTEHT AUS DEM GELIEBTWERDEN UND SELBSTBEHERRSCHUNG? Und das soll ausgerechnet bei der Selbstbeherrschung nicht stimmen? Nur wenn Menschen, die mir wichtig sind, mich beherrschen, lerne ich, mich selbst zu beherrschen?! Richtig?

Selbstbeherrschung soll auf mystische Weise allein durch das Vorbild, durch unverbindliche Angebote entstehen, ohne einen Anschubszwang von außen, ohne Ordnung und Struktur? Wer das glaubt, hat keine Ahnung, oder eben nur eine Ahnung, keine langfristigen, handfesten praktischen Erfahrungen mit Kindern, jedenfalls nicht unter den heutigen Bedingungen. Erziehen wollen ohne Macht und Zwang ist Wunschdenken: Die Lehrer müssen ihre Schüler nur verstehen und akzeptieren und partnerschaftlich mit ihnen umgehen und an ihre natürlichen Bedürfnisse und Interessen anknüpfen, denn jedes Kind lernt gern, und schon haben wir den Bildungserfolg.

So reden im Ernst Erziehungstheoretiker und Bildungsbürokraten. Das letzte Mal ist mir ein so ausgeprägtes Wunschdenken beim 40. Jahrestag der DDR begegnet und davor bei Leonid Breschnew, der die Sowjetunion kurz vorm Kommunismus wähnte.

Ist es denn nun richtig, dass Selbstbeherrschung schrittweise genauso aus dem Beherrschtwerden durch mütterliche und väterliche Menschen entsteht wie Selbstliebe aus ihrer Liebe und das Selbstvertrauen aus ihrem Vertrauen? Ja, unbedingt!

ALLE NICHT VERERBTEN EIGENSCHAFTEN SIND AUS ÄUSSEREM HANDELN ENTSTANDEN. Bei sozialen Eigenschaften kommt hinzu, dass das, was sie ausmacht, zuvor zwischen Menschen sozusagen aufgespannt sein musste. Es wurde, bevor es „eigen" werden konnte, lange und intensiv in der äußerlichen Welt zwischen Menschen praktiziert. So konnten wir es schrittweise verinnerlichen.

Auch das bewusste Denken ist nichts anderes als ein verinnerlichtes Sprechen mit dem Anderen, das über die Stufe des Selbstgesprächs in uns „hineingelangt" ist. Kleine Kinder können nicht auf Anhieb bewusst denken, sie werden dabei zumindest die Lippen mitbewegen, wenn sie das Gedachte nicht sogar noch vor sich hersprechen. Unsere ganze Gestikuliererei ist ein Rudiment des praktischen Handelns, das früher mit dem verbunden war, worüber wir jetzt nur reden. Und wenn wir beim Reden „ins Schwimmen" kommen, dann fuchteln wir noch mehr umher, weil wir unbewusst Halt an den Gegenständen der ursprünglichen praktischen Handlung suchen.

Und wenn Sie jetzt z.B. den Text nicht verstehen, es aber wollten, würden Sie automatisch diesen Weg rückwärts gehen, meine geschriebenen Worte laut und langsam vor sich hersprechen, sie sich selbst sozusagen noch einmal neu erzählen und dabei mit eigenen verbinden. Das geht im Dialog mit einem anderen natürlich noch besser. Dadurch könnten Sie die Gedanken, die ich hier in meine Worte verdichtet habe, auf Ihre Weise wieder entfalten und sozusagen für sich rückgewinnen.

Es gibt eine Eigengesetzlichkeit der Form, z.B. der Sprachform. Das weiß jeder Schriftsteller. Manche von ihnen sagen im Ernst: Ich bin selbst gespannt, wohin sich meine Figuren entwickeln werden. Auch mich trägt die sprachliche Form, in der ich meine Gedanken ausdrücke, zu neuen Einsichten, auf die „ich alleine", ohne die vorhergegangene Formulierung, gar nicht gekommen wäre. Beziehungsfähigkeit ist also nicht nur in einem zwischenmenschlichen Sinn ganz wichtig, sondern auch für das Verhältnis der Gedanken in einem Kopf. Neue entstehen dort desto besser, je mehr sie zwischendurch eine körperliche Gestalt aus Mimik und Gestik, Schallwellen (Gespräch mit anderen und sich selbst) oder geschriebenen bzw. gedruckten Zeichen (Schreiben–Lesen, Malen, Zeichnen, Gestalten, Musizieren – Ansehen, Anhören, Anfassen) gewinnen konnten.

Das ist ein ganz wichtiger psychologischer Gedanke, nicht nur für die geistige Erziehung, sondern auch für die moralische, denn es gibt nicht nur eine Eigengesetzlichkeit der Sprachform, sondern auch der Umgangsform.

AUCH DIE UMGANGSFORM HAT IHRE EIGENE DYNAMIK. Wenn wir immer wieder entfaltete Handlungen ausführen, die Respekt und Rücksicht gegenüber dem Mitmenschen „beinhalten", dann verinnerlichen wir diese moralischen Werte viel mehr, als wenn wir uns Predigten darüber anhören. (Ich habe Alice Schwarzer in diesem Zusammenhang schon in meinen anderen Büchern zitiert, aber Richtiges kann man nicht oft genug sagen: „Wem immer Liebe gepredigt wird, der lernt nicht lieben, sondern predigen.")

Und wenn wir innerlich leer sind, verzweifelt und irritiert, dann könnte uns eine verinnerlichte Umgangsform immer noch ein Stück weiterhelfen, so dass wir nicht den Fehler einer Kurzschlusshandlung begehen, die für uns und andere schlimme Folgen hätte. Wir könnten äußerlich weiterfunktionieren, bis wir dies wieder richtig, auch innerlich tun.

Ähnlich ist das in der Schule. Die Luft ist manchmal raus. Schüler und Lehrer haben keine „Lust" mehr, vielleicht in der 6. Stunde oder kurz vor den Ferien. Wie hilfreich könnte es da sein, wenn die Schüler – wie in der Paulus-Schule – aufstehen, sobald der Lehrer den Klassenraum betritt, und zwar ordentlich, einfach aus der Kraft der Umgangsform heraus!

Das wäre immerhin ein Anfang, und sie tun dies in der Paulus-Schule auch, wenn sie vom Lehrer im Unterricht angesprochen werden, keinesfalls hektisch mit den Händen an der Hosennaht. Nein! Die Schüler erheben sich gelassen und würdevoll und stellen sich damit im direkten Sinne des Wortes dem Lehrer und der Anforderung und lernen dabei auch noch, dies ruhig und achtsam ohne Stuhlgescharre zu tun. Das ist ein körperliches Geschehen, das entschleunigt und Struktur in den Unterricht bringt. Obwohl das Frage-Antwort-Spiel sich dadurch verlangsamt, kommt die Erkenntnis letztendlich schneller voran: Aus vielen kleinen Schritten werden zwar weniger, aber deren Spannweite ist größer; das Gehen ist ruhiger und bewusster, Schüler und Lehrer stolpern nicht so schnell wie beim hektischen Durcheinander-Trippeln. (Natürlich hat jeder Lehrer das Recht zu sagen: Sitzen bleiben, ich möchte jetzt kurze Antworten, spontan hintereinander.)

Markus Henninger, mein Nachfolger als Schulleiter, hat die Schüler inzwischen zweier Klassen – eine 6. und eine 5. – der Paulus-Schule Königs-

wartha dazu befragt. Die Antworten zeigen mir (einmal mehr), wie klug Kinder sind. Ich selbst hätte auf Anhieb gar nicht so viele Vorteile des Aufstehens nennen können, wie ihnen eingefallen sind.
Wie empfindest du das Aufstehen im Unterricht?

- Gut, weil man sich dabei bewegt und nicht immer nur sitzt.
- Sehr gut, da hat man einen guten Überblick in der Klasse und alle wissen, wer dran ist.
- Gut, es kommt Disziplin in die Klasse.
- Das Aufstehen ist was Tolles, denn wenn wir eine Frage beantworten sollen und wir stehen auf, sind alle aufmerksam und sehen denjenigen an.
- Es ist gut, weil man den Lehrern Respekt erweist.
- Das ist sehr gut, weil man da schneller vorankommt.
- Ich empfinde das Aufstehen im Unterricht als richtig, weil man dann weiß, wer spricht, dass jetzt etwas gesagt wird und alle ruhig sein müssen.
- Das ist supi, denn die Konzentration ist auf die Person gerichtet.
- Es macht Spaß aufzustehen und wenn man steht, kann man frei sprechen.

Kein Wort muss über Moral, Anstand und Achtung doziert werden, das wird alles einfach praktiziert, alltäglich immer wieder. Und es ist ja auch fair, denn der Lehrer, wenn er in die Klasse kommt, steht ja schließlich ebenfalls, in der Regel auch dann, wenn er einen Schüler im Unterricht auffordert (und selbst, wenn er dabei säße, hätte das seine natürliche soziale Logik – immer unter Beachtung der anderen Gesetze).
Ich fürchte, ich werde mich jetzt endgültig als „Reaktionär“ outen, weil ich nicht verhehlen kann, wie sympathisch ich es finde, wenn Mädchen sich in einer besonders feierlichen Situation mit dem Ansatz eines kleinen Knickses bedanken und Jungen dies mit einem freundlichen „Diener“ tun. Geht es unserer Jugend wirklich besser, wenn ihre Körpersprache verarmt und sie solche Gesten, Mitmenschen charmant Respekt und Dankbarkeit zu erweisen, nicht mehr kennen? Es reicht ja, wenn die praktische Ursprungshandlung nur angedeutet ist, oder die Frechdachse können es schlingelschelmisch damit ein auch wenig übertreiben und sich besonders deutlich verbeugen, so dass jeder den Spaß dabei sieht.
Hauptsache, wir kommen auf kultivierte Weise aus uns heraus, zeigen Inneres auch äußerlich mimisch und gestisch* – durch diesen Gang

nach „draußen“ kommt es nach innen gestärkt zurück, denn es hat sich der Welt gestellt, sozusagen einen „Landgang in die Existenz“ unternommen und das ist gerade bei Dankbarkeit und Respekt nicht so alltäglich.

* Eine unbewegliche Mimik und Körpersprache, egal was passiert, ist ein Zeichen seelischer Erstarrung und Fassadenhaftigkeit. Sie ist bis zu einem gewissen Grad allerdings angebracht, weil Menschen beim besten Willen nicht in jeder Situation ganz ehrlich sein können und sollen. Es wäre z.B. eher nicht gut, wenn uns beim Besuch eines schwerkranken Menschen vor Kummer und Schreck die Gesichtszüge entgleisen. Bei ganz starker innerer Verbundenheit ist diese spontane Ehrlichkeit vielleicht hilfreich, in der Regel ist hier aber wohl doch Zuversicht oder zumindest „Haltung“ gefragt, um die der Kranke selbst ja auch ringt.

Der Rhythmus ist wieder wichtig, diesmal zwischen Verinnerlichung und Veräußerlichung. So wird das Innere im Laufe der Zeit angereichert und „gehärtet“. Das, was aber nicht gezeigt bzw. ausgedrückt wird, bleibt immer mystisch und mickrig, nur ein Samen oder eine Eizelle, es wird nicht wirklich geboren.

Entkörperlichte Gardinenpredigten und rein geistige Argumentationen sind irgendwie anstrengend und künstlich. Beim praktischen Handeln bildet sich das Innerliche nebenbei auf spielerische Weise, es wird sozusagen huckepack in die Seele hineingetragen, so wie junge Menschen eine Sprache oder einen Dialekt lernen, von ganz allein ohne jeden Unterricht, wenn sie sich plötzlich im Ausland oder in einer spezifischen Region Deutschlands befinden und sich dort wohlfühlen.

Menschen sind skeptisch gegen Belehrungen, vor allem, wenn diese ihr moralisches Verhalten betreffen. Trotzdem nutzen in unserer Zeit in Deutschland Eltern und andere Erziehende Umgangsformen, Manieren, das was Sitte und Brauch ist in ihren Familien, Kindertagesstätten oder Schulen viel zu wenig als Transportmittel für Charakterliches und Werte. Das wäre eine geschickte Erziehungskunst, die ja manchmal durchaus etwas mit der „Kriegskunst“ gemein hat: Das entschlossene Kämpfen. Bei der Erziehung haben wir nur Erfolg, wenn wir es mit Liebe tun, gelassen und fair. Aber so manche kleine „Kriegslist“ kann doch trotzdem hilfreich sein, z.B. „Trojanische Pferde“.

Nichts anderes sind Umgangsformen und praktizierte Sitten, durch die immer wieder Werte in die Seelen eingeschleust werden, unaufdringlich, unauffällig und trotzdem wirksam. Leider sind viele Erziehende darüber erhaben. Sie wollen die Kinder nicht unnötig „gängeln“ und verpassen dadurch einfache, alltägliche Gelegenheiten, sie fit zu machen für ein Leben, in dem sie glücklich sind, weil sie mit ihren Mitmenschen gut zurecht kommen.

Ein weiteres Beispiel ist die Sitte des geteilten Frühstücks in Kindergärten oder Schulen: Jeder legt eine Hälfte des Frühstücks, das er von zu Hause mitgebracht hat, auf einen Teller in der Mitte des Tisches, die andere behält er für sich. Ich bin überzeugt, das gibt vielen Unterrichtsstunden, in denen über den Sinn des Teilens und Abgebens geredet wird, eine gute Grundlage eigener Erfahrung.

Mir scheint dieser Brauch in seiner mentalen Tiefe sogar mit dem christlichen Abendmahl verbunden zu sein. Natürlich lugt an der einen oder anderen Stelle der Individualismus unserer Zeit frech auch durch dieses schöne Bild des geteilten Frühstücks: Einige Lieblinge ihrer Mamas behalten das Beste für sich und legen das Zweitbeste in die Mitte. Aber das ist wieder eine gute Gelegenheit, über Moral ganz praktisch zu sprechen, ohne künstliche Empörung.

Die das Beste für sich behalten, sollen sich ruhig verteidigen. Sie sollen in Ruhe aussprechen, warum sie das tun. So kommt Innerliches, was gern verdeckt und verdrängt wird, aufs Tablett. Und sie müssen auch nicht sofort ihr Handeln ändern. Ich setze auf die langfristige Wirkung, auf ein langsames Bewusst- und Aufmerksamwerden auf/für Werte. Gerade alltägliche Kleinigkeiten sind das Feld effektiver Erziehung.

Dass Kinder Erwachsene in jedem Fall freundlich und im Zweifelsfall zuerst zu grüßen haben, ist eine ähnlich hilfreiche Umgangsform. Es wird der zuerst gegrüßt, der schon da war. Erwachsene sind viel länger auf der Welt als die Kinder. Die Erwachsenen und alle ihre Vorfahren zusammengenommen haben die Welt so eingerichtet, dass die Kinder nun gut in ihr leben können. In der Realität habe ich oft meine Schüler zuerst gegrüßt, wenn ich in die Schule oder zur Kirche gekommen bin und sie waren schon da. Wenn die Situation aber uneindeutig ist und Kinder und Erwachsene begegnen sich, dann wäre es gut, die Kinder grüßen zuerst.

Das fällt mir in kleinen Dörfern auf. Die Kinder können sich einfach benehmen, sie grüßen gänzlich Fremde locker und freundlich, nicht gebückt und demütig, sondern im Gegenteil: aus dem Bewusstsein ihrer eigenen Bedeutung und ihres eigenen Wertes heraus.

Auch die einheitliche Schul- und Sportkleidung, die wir an der Paulus-Schule haben, ist eine Art Umgangsform. Nach über anderthalb Jahren Erfahrung damit sehen sie fast alle Schüler immer noch positiv: Der Stress entfällt, sich morgens zu überlegen, was ich heute anziehe, und das Gemeinschaftsgefühl wird gestärkt. Die Schüler gehen in diesen Sachen umher und sind außerhalb der Schule schnell als Paulus-Schüler erkennbar. Das ist eine Äußerlichkeit, die hilft, sich gut zu benehmen. Anonymität erhöht die Gefahr eines schlechten Verhaltens; der Umkehrschluss gilt auch. Die Schüler können aber natürlich nach der Schule, in ihrer Freizeit, etwas anderes anziehen.

DIE LIEBE GEHT DURCH DEN MAGEN. Auch zu Hause könnte das so einfach sein: „Du bleibst sitzen! Wir sind noch nicht fertig mit dem Essen." Das alltäglich durchgesetzt, trägt mehr zur Ausbildung eines Gefühls familiärer Zusammengehörigkeit bei – im übertragenen Sinne auch in der Schule – als zehn Gespräche darüber, wie wichtig du mir bist, mein Kind, und dass wir doch alle zusammengehören und uns aufeinander verlassen können müssen. Das ist Schall und Rauch, wenn es nicht einmal möglich ist, regelmäßig zusammen zu essen, gerecht zu teilen und dabei aufmerksam zueinander zu sein.

Der Tischdienst in der Paulus-Schule muss z.B. genau darauf achten, dass einem Gast der Kaffee eingegossen wird und je nach seinen Wünschen Zucker und Milch bereit stehen. Ich wollte mich nicht zu wichtig nehmen, aber erzieherisch ist es nach meiner Überzeugung auch richtig, wenn der Tischdienst Lehrern, die beim Frühstück dabei sind, den Kaffee eingießt. Ich habe über so manchen Jungen gestaunt, der dies charmanter konnte als die Mädchen. Ich habe sie gelobt – natürlich auch die Mädchen –, damit die Kinder das Gute an ihrem Verhalten im Spiegel der Rückmeldung erwachsener Bezugspersonen erkennen können. Sie sehen sich sozusagen selbst noch einmal, wie bei einer Kameraaufnahme, die zurückgespult wird: Aha, so war ich, sagen sie sich zwar einerseits unbewusst. Und andererseits wird ihnen gerade dadurch das gespiegelte Stück ihres Verhaltens bewusster. Alles was wahrgenommen und beachtet wird, erst von anderen, dann von sich selbst, kann besser gedeihen.

Viele Eltern sind, glaube ich, in Bezug auf ihre Kinder sentimentale Nostalgiker. Sie sehen sie immer noch als die ganz Kleinen – schließlich sehnen wir uns ja alle gern nach den Zeiten, wo wir noch ganz jung waren –

und das mütterliche oder väterliche Herz behandelt noch 12-Jährige wie Babys, denen man nichts zumuten und nichts abverlangen könne, z.B. auch bei der Erledigung von Haushaltspflichten.
Irgendwie schwirrt in den elterlichen Köpfen herum: „Es sind ja noch Kinder!" und die machen eben etwas nur, solange sie Lust dazu haben. Aber wann sollen sie denn lernen, mit dieser lebensschädlichen Strategie zu brechen, wenn nicht vor der Pubertät, in ihrer „goldenen Kindheit", in der sie alles Neue so leicht lernen, weil ihre Seele noch nicht verhärtet und noch nicht an das Falsche gewöhnt ist?

DAS PRAKTISCH NÜTZLICHE IST AUCH DAS ERZIEHERISCH WERTVOLLE.
Wenn Ihr Nachwuchs den Teppich saugen soll, müssen Sie das in Ruhe immer wieder mit ihm zusammen üben. Aber dann legen Sie mal die Füße hoch und trinken Sie einen Kaffee oder Tee, solange er saugt. Sie machen ja oft genug auch etwas für ihn, während dieser sich ausruht oder spielt. Bitte beherrschen Sie sich aus pädagogischen Gründen, nicht aufzuspringen und es selbst schnell besser zu machen.
Natürlich kann z.B. ein Achtjähriger sein Zimmer saugen und weil er einmal dabei ist, gleich den Flur – und wenn er zehn Jahre alt ist – vielleicht auch das Wohnzimmer noch mit (wenn es nicht zu groß ist). Diese Aktion muss tatsächlich praktisch nützlich sein für alle. Also lernt der Junge auch, vorsichtig volle Mülltüten dem Staubsauger zu entnehmen, neue einzusetzen und den Staubsauger ordentlich dorthin zurück zu stellen, wo er hingehört.
Am Anfang müssen die Eltern jeden Schritt begleiten, aber das rentiert sich bald vielfach:

1. Die Eltern sind tatsächlich etwas entlastet und haben nun mehr Zeit für ihre Kinder.
2. Der Junge lernt bei diesem praktischen Tun Genauigkeit, Achtsamkeit, Gründlichkeit und Geduld. Am Anfang wird er mehrere Male den Sauger wieder aus dem Schrank holen müssen und nacharbeiten. Er sammelt da genau die Erfahrungen, die er auch dringend für seinen Erfolg in der Schule braucht: Ich muss aufpassen. Ich arbeite lieber mit Pausen ordentlich als hektisch, denn was nicht ordentlich ist, muss ich sowieso nacharbeiten. Es geht nicht darum, ob ich noch Lust habe, sondern darum, dass ich den Auftrag erledige, denn die anderen verlassen sich auf mich.

3. Das Kind fühlt sich nicht nur als geliebter „Anhang", sozusagen als ein „Schmuck" der Familiengemeinschaft, sondern es trägt real zum gemeinsamen Leben bei. Es ist schon „groß", wird wirklich gebraucht, ist nicht nur ein „Konsument" des Lebens, sondern es kann sich ein klein wenig nützlich machen für seine Familie, und es gewinnt so eine zusätzliche Ausdrucksmöglichkeit für seine Liebe zu den Eltern.

Das ist verrückt: Sie haben drei Fliegen mit einer Klappe geschlagen dadurch, dass Sie sich eine Auszeit im Sessel gegönnt haben. Dies gilt unter der Voraussetzung, dass Ihre Kinder von Folgendem überzeugt sind:

a) Wir werden geliebt und geachtet von unseren Eltern.
b) Das Leben ist schön, weil es immer einen Weg gibt, der weiter führt.
c) Wir alle zusammen haben den Willen, ihn mit Humor und Geduld zu finden, und deswegen wird uns das auch gelingen.

RÜCKSICHT ZU LERNEN IST BESONDERS SCHWER. Für die Eltern und Pädagogen bedeutet es, den Kindern immer wieder Gelegenheit zu geben, auf eine praktisch-konkrete Weise für andere einen Schritt zurück zu gehen und ihnen Vortritt zu lassen. Das ist schwer, weil es der kindlichen Natur widerspricht. Deswegen muss es erst recht geübt werden, denn das Menschliche ist eben nicht nur natürlich. Das waren in einem ganz ursprünglichen Sinn z.B. auch die kannibalischen Stämme in der Südsee.

Bei der Menschlichkeit kommt ganz entscheidend die Kultur dazu: Dass wir uns zurücknehmen können für einen anderen, z.B. für ihn warten können, nicht unserer – „natürlichen" – Wut nachgeben, sondern erst zuhören, erst verstehen, nicht unserer – „natürlichen" – Lust nachgeben, und die Torte, die für die morgige Feier vorgesehen ist, unangebissen zu lassen, ebenso wie den hübschen Mit-Menschen von nebenan, der uns leider nicht will.

Wer kann und muss zuerst dafür sorgen, dass die Kinder so etwas lernen müssen dürfen? Natürlich ihre Eltern und Großeltern! Sie müssen zusammen mit den Erziehern und Lehrern ihrer Kinder die Zeit nutzen, in der sie so schnell so viel lernen: Nicht nur Schlittschuh laufen, Fahrrad fahren und fremde Sprachen fast nebenbei, wenn sie sich länger in diesem Umfeld aufhalten.

Nein, sie könnten auch Benehmen lernen, wenn wir, die Eltern und alle Erziehenden, es nur wollten und uns nur einig wären dabei und nicht zu

früh aufhörten mit dem diesbezüglichen Training, bis sie es können: Sogar das Rücksichtnehmen.
Natürlich: Jeder junge „Hase“ fällt mal „auf die Schnauze“. Das gehört dazu, ab und zu sogar bei den alten. Aber dass das Verhalten unserer Kinder trotz aller Rückschläge insgesamt und langfristig besser wird, so dass sie gut für ihre Pubertät gerüstet sind, das könnten wir erreichen, wenn wir nur mutig und entschlossen genug wären. Ich weiß, was jetzt viele Leser denken: Wie kann der ein gutes Benehmen von den Kindern erwarten, wenn es viele Erwachsene selbst nicht können? Die müssten doch zuerst… Bloß diese können nicht, wenn sie als Kinder falsch geprägt wurden. Ein Teufelskreislauf! Irgendwie müssen wir ihn aufbrechen!
Könnte es uns nicht als Eltern und Pädagogen besonders stolz machen, dass sich unsere eigenen Kinder benehmen können, obwohl die Welt ist, wie sie ist? Auch Rücksicht zu nehmen, wie alle anderen – das wäre keine besondere Leistung. Das könnte ja jeder. Aber bewusst anders und besser zu sein als viele andere und damit eine unselige Kettenreaktion der Bosheit zu unterbrechen – das wäre eine Superleistung und das würde uns hoch angerechnet, von den Mitmenschen und wenn es Gott gibt, auch von ihm – da bin ich sicher. Wir wollen doch sonst immer etwas ganz Besonderes sein, über den anderen stehen – warum nicht in dieser, für das menschliche Leben so grundlegenden Hinsicht?
Ich weiß, es ist schwer genug sogar für einen in sich ruhenden Erwachsenen, Rücksicht zu üben, wenn sich einer etwas anmaßt, was ihm (jetzt) nicht zusteht. Aber sollen wir z.B. als Kraftfahrer wirklich einen Drängler daran hindern, sich einzuordnen? Es gibt seelisch schwer gestörte Menschen, die lieber einen Verkehrsunfall in Kauf nehmen, als das zu tun. Ihnen hat in ihrer Kindheit keiner das beigebracht, wofür ich hier plädiere. Und ich würde den Drängler nicht einmal mit „lautem“ Lichthupen bestrafen.
Ich habe auch schon Fehler dieser Art gemacht und war froh und dankbar für das einfühlsame Verständnis eines Anderen. Solche Momente gehören zu den Sternstunden unseres Lebens: Ein Fremder gleicht großzügig einen Fehler, den wir selbst machten, aus, ohne Anspruch auf Entschädigung oder öffentliche Wichtigtuerei als „Held“. Einfach ein Mensch und einfach lieb, und es reicht, wenn Gott das sieht.
Wahr ist auch: Wer immer wieder die gleichen Fehler macht, braucht dann Strafe. Aber das sollten wir Gott, der Polizei oder irgendeinem staat-

lichen Amt überlassen. Allerdings: Bei unseren eigenen Kindern sind wir selbst wie ein Gott, so lange sie noch nicht in den Wirren der Pubertät stecken (da haben sie dann vom Baum der Weisheit genascht und das Paradies ist zu Ende – siehe das 12. Gesetz: „Elterliche Strafen").

DAS GUTE VORBILD ALLEIN REICHT NICHT. Als Eltern, Erzieher und Lehrer für die Kinder ein gutes Vorbild zu sein in punkto Rücksicht und Moral ist unverzichtbar. Aber es reicht nicht. Von wegen: Was willst du mit Erziehung? Die Kinder machen uns doch sowieso nach! Junge Menschen machen nur diejenigen nach, zu denen sie aufsehen, vor denen sie Respekt haben. Und das sind oft nicht die Guten. Eltern und Lehrer können noch so lieb sein, noch so tolerant und noch so rücksichtsvoll. Gerade das werden die Jungen (Menschen) nicht nachahmen, wenn die Alten zugleich schwach und hilflos sind, immer nur versuchen, es ihren Kindern oder Schülern recht zu machen.
Halten wir fest: Was das Leben auf eine entscheidende Weise schön und liebenswert macht, ist die Fähigkeit, Rücksicht aufeinander zu nehmen. Kinder, die das mit Hilfe ihrer Eltern und andere Erzieher lernen und immer wieder üben, sind keine „Opfer" in unserer Ego-Welt von heute, wie das wahrscheinlich viele denken. Erstens kommt der Egoismus ganz von alleine wieder hoch, weil er zu unserer grundsätzlichen Triebausstattung gehört. Und zweitens: Wer wird denn am meisten geliebt, jetzt und später? Menschen, die „nett" sind!

„ES IST AM EGOISTISCHSTEN, NICHT EGOISTISCH ZU SEIN." Was will unser Ego am meisten? Die Liebe anderer Menschen! Und wann bekommen wir sie? Wenn wir rücksichtslos und egoistisch sind? Nein! Dann haben wir uns vielleicht durchgesetzt, aber wir bleiben allein und ohne Liebe.
Und es ist auch eine Mär, dass der, der „nett" ist, sich ausnutzen lassen muss. Meine Erfahrung sagt mir, dass eine ehrliche Selbstbehauptung keineswegs dem Rücksicht-Nehmen widerspricht. Allerdings sagt mir meine Erfahrung auch, dass unsere Welt so ist, wie sie ist, weil zu viele Eltern hier glauben, ihre Kinder bräuchten heutzutage „Ellbogen", und sie müssten lernen, Egoismus und Rücksichtslosigkeit mit noch mehr von dem Gleichen zu vergelten.
Nein! Dadurch wird alles nur schlimmer, und diese Eltern fühlen sich dann sogar im Recht: Siehst du, die Welt ist wirklich hart und ungerecht

(das ist sie ohne Zweifel manchmal, aber eben nicht grundsätzlich). Deswegen musst du noch härter und erbarmungslos sein. Nein! Starksein zwar schon, aber verbunden mit Mitgefühl und Rücksicht.

Das zu können ist nur ein kurzfristiges Opfer und zugleich eine Investition in ein langfristiges Glück. So ist es generell bei der Erziehung: Gute Eltern und Lehrer haben den Mut und die ruhige Kraft, ihre Kinder für eine kurze Zeit unglücklich zu machen, indem sie konsequent auf einer Forderung oder einem Verbot bestehen, damit die Kinder langfristig glücklich werden, weil sie nun bessere Voraussetzungen für ihren Erfolg im Leben haben. Sicher, das ist alles eine Frage der Intuition und des Bauchgefühls.

Aber ist es nicht so, dass Eltern heute oft, zu oft entmutigt, verunsichert und hilflos sind? Sie kippen beim ersten „bitterlichen Weinen" ihres Kindes um, während Eltern vor 1968 wahrscheinlich eher zu hart und zu sicher waren: Ein Junge weint nicht. Punkt. Ich plädiere jetzt nicht für die „goldene Mitte", für ein durchschnittliches, laues Mittelmaß, sondern für die Ausbildung unserer Intuition, an der richtigen Stelle richtig streng zu sein und an einer anderen, ebenso zutreffenden, richtig großzügig und „nachgiebig" (siehe das 8. Gesetz).

Margot Honecker hatte als Volksbildungsministerin in der DDR einen Lichtblick in folgender Hinsicht. Sie argumentierte gegen den Hang von Eltern und Lehrern (der sich heute in einer Atmosphäre des zunehmenden Misstrauens gegenüber Amtspersonen bedauerlicherweise weiter verschärft hat), Durchschnittswerte von Zensuren mathematisch genau zu errechnen und daraus zwanghaft die Gesamtendnote zu bestimmen, mit dem ganz zutreffenden Satz: „Der Teich war im Durchschnitt einen Meter tief, und die Kuh ist trotzdem ersoffen."

Der Durchschnitt ist im Leben uninteressant. Es geht um die Spitzen, um die Höhen und Tiefen. Und wenn ein Schüler am Ende des Schuljahres viele Höhen hat, dann kann es doch für die Gesamtnote nicht ausschlaggebend sein, dass er aber zum Anfang des Schuljahres das, was er jetzt weiß und kann, noch nicht wusste und konnte. Es darf natürlich auch nicht gänzlich unter den Tisch fallen, weil Schüler und Eltern sonst verleitet sein könnten, zu sehr auf den Endspurt zu vertrauen.

LIEBENDE ELTERN STRECKEN IHRE WILLENSKRAFT FÜR IHRE KINDER VOR. Sie tun das, wenn die Kinder selbst noch nicht genug davon haben. Das ist eine Art „Willenstransfusion“, ebenso nötig wie Bluttransfusionen in lebensgefährlichen Situationen. Aber das gilt nicht nur in diesem extremen Fall, sondern prinzipiell, wie ich es schon am Anfang dieses Kapitels gesagt habe.

Wir können uns selbst nie lieben lernen, wenn mütterliche und/oder väterliche Menschen uns nicht schon zuvor liebten. Auch in diesem Fall muss erst einmal etwas von den Älteren vorgestreckt werden, was die Kinder selbst noch nicht haben können. Das Gleiche gilt für das Selbstvertrauen. Und eben auch für die Selbstbeherrschung. Diese ist eine ganz schwierige Kunstfertigkeit, die wohl kein Mensch je vollständig erreichen wird. Mir jedenfalls mangelt es daran beträchtlich und ich schädige z.B. leider meine Gesundheit, obwohl ich genau weiß, dass ich nur diesen einen Körper habe. Mir geht es wie vielen: Nur eine starke Liebe könnte mir die Selbstliebe geben, auf Schwarzwälder und Sachertorte zu verzichten. Die Möglichkeit, dass ich jetzt noch auf meine alten Tage durch die „Herrschaft“ eines Menschen, mit dem ich liebe- und vertrauensvoll verbunden bin, das nötige Maß an Selbstbeherrschung verinnerlichen könnte, ist wohl perdu.

Immer wieder höre ich von jungen Männern, die sich freiwillig zur Bundeswehr gemeldet haben, dass sie dies bewusst tun, um dort doch noch für ihr Leben Disziplin zu lernen. Was sind das für sympathische, einsichtige Burschen! Nicht selten sagen sie, dass ihnen gerade das in ihrem bisherigen Leben fehlte, weil sie keinen Vater hatten und auch ihre Lehrer im Laufe der Jahre immer stromlinienförmiger und verwechselbarer wurden. (Siehe 11. Gesetz)

DASS DU LUST HAST, VERLANGE ICH GAR NICHT. Um Lust geht es nicht. Das Einzige, was mich als Erziehender interessiert, ist, ob die Aufgabe ordentlich erledigt wurde oder nicht. Und geschah dies aus Pflichtbewusstsein, ist es sogar noch mehr wert, als wenn ein Kind von Anfang bis Ende aus reiner Lust handelte.

So ist die Welt sowieso nicht. Bisher folgt in Deutschland dem kindlichen Ausruf: „Ich habe aber keine Lust (mehr) auf die Schule!!“ regelmäßig ein emsiges Treiben bei den Pädagogen: Wie kann die Attraktivität – der „Lustappeal“ – des Unterrichts erhöht werden? Das ist das Einzige, was sich hier heute in einem solchen Fall ändern muss, nicht etwa die passive Anspruchshaltung lustloser Lernkonsumenten.

Aber genau diese Konsumhaltung gehört zuerst umgedreht: Wir müssen die „Kids“ befähigen, so lange beim eigenen Tun durchzuhalten, bis sie die Attraktivität z.B. eines angeblich langweiligen Unterrichts entdecken können. Das gleiche gilt beim Sporttraining, bei Haushaltspflichten usw. Immer heißt die Moral der Übung: Du kannst nicht einfach mittendrin aufhören, wenn sich andere Menschen auf dich verlassen.

Allein die Realität, sie ist nicht so. Weil Kinder hier wenigstens scheinbar, äußerlich und oberflächlich, im Zentrum (aller Sorgen) stehen, ist, ob sie momentan noch „Lust haben“ oder nicht, zum obersten moralischen Wert einer falschen Kinderwelt in Deutschland geworden. Da wirkliche Liebe aber immer mit Durststrecken verbunden ist, sich überhaupt erst mit dem gemeinsamen Bewältigen von Krisen und Irritationen aus der Lust herausbilden kann, enden heute die meisten Liebesbeziehungen, bevor sie richtig beginnen konnten.

Ja, Sie haben richtig gelesen. Ich glaube, dass das Fixiertsein darauf, was gerade an der Oberfläche der Seele für eine Lust oder Unlust aufflackert, nicht nur die Arbeitseinstellung und das Leistungsvermögen beeinträchtigt, sondern auch das ganz persönliche Glück. Deswegen ist es doppelt wichtig, das Pflichtbewusstsein der Kinder ebenso wie ihr Einfühlungs- und Rücksichtsvermögen zu trainieren, um sie aus der Sklaverei eigener Gelüste, Launen und Stimmungen zu befreien.

Dass Beziehungen heute viel weniger halten als früher und damit Menschen in tiefe Verzweiflung gestürzt und aus ihrer Lebensbahn geworfen werden, hat damit zu tun, dass die Kinder unserer Zeit in Deutschland viel zu oft und viel zu sehr darin bestärkt werden, nur das zu tun, was sie in diesem Moment wollen und das zu lassen, was ihnen gerade nicht (mehr) gefällt.

Das 8. Gesetz: Die Erziehungskunst besteht darin, die Einheit der Gegensätze auszuhalten, anstatt sich in eine laue Mitte zu flüchten

Den Ball flach zu halten ist auf dem Schulhof gut, aber nicht als generelle Lebens- und Erziehungsstrategie

Lebensmut und Weltvertrauen zeigen sich generell darin, nicht durchschnittlich sein zu wollen, nicht nach der Mitte zu schielen wie die Politiker, um es möglichst vielen Recht zu machen, sondern auszuloten, was sowohl nötig ist als auch möglich. Und dann auch den Mut zu haben, beides ganz zu praktizieren.

Das gilt in intensiven Beziehungen besonders, und die Erziehung ist von vornherein eine solche, wenn sie aus Liebe geschieht und letztendlich erfolgreich sein will. Bei ihr geht es um die Spanne zwischen den folgenden beiden Seiten: Einerseits Großzügigkeit, Nachgiebigkeit, die Fähigkeit, Ausnahmen zuzulassen, und andererseits Strenge, Konsequenz, die Durchsetzungskraft, Regeln zu bewahren.

Sie nicht einfach auf ein durchschnittliches Mittelmaß zurückzunehmen – dann hätten wir die Welt auf die Tropen und Subtropen zusammengeschrumpft und es immer schön warm -, sondern in der spannungsgeladenen Einheit ihrer Gegensätze zu praktizieren, heißt zweierlei:

1. Diese beiden Seiten durchdringen sich gegenseitig, zumindest „durchschimmern" sie sich.
2. Sie werden zusammengehalten und getragen durch ein gemeinsames Drittes, die Liebe.

DIE LIEBE IST NICHT DER GEGENPOL ZUR STRENGE, SONDERN DAS GEMEINSAME, DAS NOTWENDIGE HÄRTE UND GUTE GROSSZÜGIGKEIT ZUSAMMENHÄLT. Meistens wird die Liebe der Strenge gegenübergestellt. Das ist falsch, denn die erzieherische Liebe, die ich meine, zeigt sich in der Großzügigkeit ebenso wie in der Konsequenz. Ein guter Erzieher, ob nun der eigenen Kinder oder fremder, bewegt sich virtuos in einer besonders großen Spannweite zwischen diesen Seiten, je nach Situation, je nach Kind, wie dies auch ein guter Schriftsteller oder Schauspieler tut, der über ein breites Arsenal stilistischer Ausdrucksmöglichkeiten verfügt.

Entscheidend ist, dass ihm das Kind als Mensch wichtig ist, er es „haben" und behalten will, egal, was es „angestellt" hat und egal, ob jetzt eher weiches Nachgeben oder harte Konfrontation angesagt ist. Genauso gehört auch das Einfühlen und das Verstehen nicht zu einer, der „weichen" Seite, sondern zum gemeinsamen Dritten, der Liebe. Verstehen kommt aus dem Einfühlen. Gott können wir nicht endgültig verstehen, denn wir alle sind seine Kinder. Aber unsere Kinder können wir verstehen – fast endgültig –, wenn wir es nur wollen und die nötige Zeit und Lebenskraft dafür investieren.

VERSTEHEN HEISST NICHT „VERSTÄNDNIS HABEN", BILLIGEN ODER VERZEIHEN. Wir müssen uns vor dem Missverständnis hüten, dass „Verstehen" heißt: „Dafür habe ich Verständnis". Ich kann, wenn ich z.B. einen Krimi sehe, oft sogar die Täter verstehen, das heißt geistig-seelisch nachvollziehen, wie es dazu kam, dass sie schuldig wurden. Da gibt es in verzweifelten Situationen so manche Kettenreaktion der Beleidigung, des gegenseitigen Treffens an den wunden Stellen, bis im schlimmsten Fall der Stärkere den Schwächeren erschlägt – so wie ganz zu Beginn der biblischen Menschengeschichte Kain den Abel.
Ich kann diese unglaubliche Wut, diesen ungebärdigen Hass nachvollziehen. Trotzdem billige ich das keinesfalls, und ich glaube, dass solche Verbrechen in den meisten Fällen zu gering bestraft werden. Auch etwas, was ganz nachvollziehbar ist, braucht also einen Riegel, der ihm vorgeschoben wird, vielleicht gerade, weil es gut „verstehbar" ist. Aber deswegen ist es in meinen Augen trotzdem nicht „verständlich" in dem Sinne, dass ich dieses Verhalten jemanden nicht übel nehme und es ihm (schnell) verzeihen könnte.
Noch ein Beispiel? Nehmen wir an, jemand hat etwas ganz Furchtbares erlebt, er hat sein eigenes Kind durch Unachtsamkeit schwer verletzt oder sogar getötet. Vor lauter Verzweiflung betrinkt er sich, steigt in sein Auto und fährt jemanden tot. Haben wir dafür Verständnis? Ich nicht. Aber ich verstehe diesen armen Menschen, wie es dazu kommen konnte. So sollen auch liebende Eltern ihr Kind ganz verstehen und sein falsches Verhalten trotzdem mit ganzer Kraft ablehnen und bekämpfen.
Es ist sogar möglich, dies rechtzeitig zu tun, bevor etwas Schlimmes passiert, wenn wir nur richtig verstehen könnten, weil wir uns in die Seele des eigenen Kindes bzw. Schülers einfühlen. Das ist wirklich schwer. Ich bilde

mir etwas auf meine Empathiefähigkeit ein und trotzdem gerate ich manchmal an Kinder, die mir ein stückweit ein Rätsel bleiben. Aber ich denke, gerade diese sind die besonders liebenswerten. Wenn sich nur alle Erwachsenen, die für sie wichtig sind, zusammensetzen würden – ich glaube, sie könnten das Rätsel lösen.

Verstehen Sie mich? Haben Sie vielleicht sogar Verständnis für diese Ansicht? Teilen Sie sie? Oder verstehen Sie zwar, was ich meine, halten diese Ansicht aber nicht für richtig? Hauptsache, Sie verstehen. Die Schlussfolgerungen muss jeder Mensch selbst für sich ziehen.

Bereits in meinem ersten Buch „Mut zum Ganzen: Ordnung und Freiheit“ hatte ich mich mit diesem Spannungsverhältnis auseinandergesetzt: „Das Vertrauen darauf, dass wir uns auf jeden Fall verstehen wollen, Lehrer die Schüler und umgedreht und jeder seinesgleichen, egal, was passiert ist und dass keiner diese Versuche vorschnell aufgibt, egal, ob er dann schon verzeihen will und kann oder nicht, ist ein wesentlicher Bestandteil von Lebenssicherheit und Geborgenheit.

Daran wird immer wieder zu arbeiten sein, denn keiner ist vor der Versuchung geistiger und moralischer Kurzschlüsse, des Unverstehens im Hass gefeit, selbstverständlich auch ich nicht. Was schon Freud vom Therapeuten forderte, die Fähigkeit und Bereitschaft zu neutral schwebender, wohlwollender Aufmerksamkeit, gilt auch für den Pädagogen, dann jedenfalls, wenn sich Schüler, die dies betrifft, nicht nur objektiv in einer psychischen Stresssituation befinden, sondern auch subjektiv darunter leiden: Wer sich selbst unter Druck setzt, dem muss nicht noch mehr Ärger gemacht werden. Anders sieht dies bei Schülern aus, die unachtsame oder gar vorsätzliche Kollisionen mit den (vorrangigen) Interessen anderer für ihr selbstverständliches Recht halten und nach dem ‚Unfall‘ ‚moralische Fahrerflucht‘ begehen, einfach zur Tagesordnung übergehen wollen.“

Erziehende, die Kinder verstehen, haben ein positives „Vorurteil“ ihnen gegenüber, egal ob sie streng zu ihnen sind oder weich. Erstens zeigen sie in jedem Fall, dass die Kinder sich auf ihre volle Aufmerksamkeit und Zuwendung verlassen können, wenn sie sie brauchen. Und zweitens schimmert selbst durch ihren Ärger, ihre Enttäuschung und ihre Wut immer noch ihr großes Wohlwollen, ihre große Zuneigung durch.

Es ist wie bei einem Sommergewitter mit Blitz und Donner; wir denken, die Welt geht unter, aber wenn wir in seine Grundstimmung hineinspüren, merken wir, der Regen ist zwar ein Wolkenbruch, ja, aber er ist nicht eiskalt, sondern „warm“ und am Horizont zeigt sich der erste helle Streifen eines kommenden schönen Sommertages. Durch dieses Wohlwollen hinter dem „Gewitter“ können die Kinder in ein Bild von sich hineinwachsen, das sie besser macht, als sie gerade sind; es zeigt einen Ausweg in eine gute Zukunft: „Ich kann ganz anders sein, viel besser, mein Papa weiß es genau und deshalb weiß ich selbst es auch (obwohl ich es jetzt nie zugeben würde).“

Welcher Erwachsene kann das? Trotz Ärgers, trotz notwendiger einzelner strenger Maßnahmen nicht von dem grundsätzlich positiven Bild ablassen, das er vom Kind hat. Nur der, der stark ist und der sich nicht machtlos den Launen unerzogener Kinder ausgeliefert fühlt! Deswegen müssen gerade die Erziehenden mit dem „positiven Blick“* sich durchsetzen können, sonst scheitert mit ihnen zusammen ein ganz wichtiges, hilfreiches Lebensprinzip.

* Der Theologe Bernhard Meuser drückt es so aus: „Herr, ich weiß,/ man muss nur lieb haben,/ dann fängt alles an/ zu blühen./ Sogar das Hässliche./ Sogar das Zerstörte./ Das Liebhaben ist/ Deine einzige Methode./ Und ich mache die ersten Schritte/ In dieser Kunst.“ (Bitte schauen Sie lieb auf meinen Text. Das, was darin gut und richtig ist, wird ihnen erblühen.)

Wenn das nicht so ist, gibt es zwar keine Härte und keine Konsequenz – und die, die Liebe mit Laschsein verwechseln, können jubeln –, aber alle haben bald den „bösen“ – zumindest einen gelangweilt gleichgültigen, resignierten – Blick, Kinder und Erwachsene.

Dass Kinder in das Bild hineinwachsen, das wichtige Bezugspersonen von ihnen haben, gilt leider im negativen Sinne genauso: Ein Kind, das jahrelang hören muss: „Du bist doch blöd und zu nichts zu gebrauchen“, wird mit der Zeit tatsächlich „blöd“. Und dann fühlen sich diejenigen, die das schon immer sagten, sogar noch bestätigt. Perfide, manchmal sind das Leben und die Welt einfach nur perfide, wenn nicht die Guten dazwischen kommen, aber die sind ja auch nur Menschen und leider nicht immer da. (Siehe auch die Abschnitte „Der Pygmalioneffekt“ bis „Das Scheitern nicht herbeibefürchten“ im 6. Gesetz)

Ohne das gemeinsame Dritte der beiden Seiten Großzügigkeit, Ausnahmen-Machen einerseits und Strenge, Konsequent-Sein andererseits, die Liebe, die Einfühlung und das Verstehen, bleibt Erziehung äußerlich, ein

Katalog von Maßnahmen. Sie ist dann nicht mehr als Drill und Dressur und führt zu keiner nachhaltigen Persönlichkeitsentwicklung.

ABER DRILL *MIT* LIEBE KANN GUT SEIN. Das gilt, wenn diese mit Einfühlen und Verstehen verbunden ist. Ich denke an einen Trainer, der seine Schüler in einem bestimmten Zeitabschnitt bis an deren Leistungsgrenze fordert, der sie anschreit, sie antreibt zu noch höheren Leistungen. Das ist die Voraussetzung dafür, dass sich ihre Leistungsgrenze weiter „nach vorn" verschieben kann. Ohne Fleiß kein Preis, ohne Kampf kein Sieg.

Hinter dem leidenschaftlichen Geschreie, das auf dem ersten Blick aussieht, als wenn der Trainer böse wäre und seine Schüler nicht mag, steckt in Wirklichkeit: „Ihr könnt das! Ich weiß es genau! Ich glaube an euch! Ihr schafft das!" Bernhard Bueb beschreibt eindrucksvoll in seinem Buch „Lob der Disziplin", was ich meine:

„Der Trainer führte seine Schüler mit harter Hand durch die hohe Schule des Handballs. Zügig flog der Ball von Mann zu Mann, ein atemberaubendes Tempo ließ auch den Zuschauern das Herz schneller schlagen, präzise und wie nach einem geheimen Plan bewegten sich die Spieler. Intellektuell und körperlich verlangte der Trainer höchste Anstrengung. Handballtraining hieß bei ihm, eine Gruppe durchtrainierter junger Menschen zu strategischem Denken, taktisch wendigem Zusammenspiel und zu einer Haltung des Fairplay zu führen. *Was zunächst wie eine Folge schneidender Befehle klang, wurde von den Spielern als fortlaufende Liebeserklärung erlebt.* Die Führung seiner Schüler mit Disziplin und Liebe bildete das Geheimnis seines Erfolges. Mit jedem Handballtraining demonstrierte er, was Erziehung bedeuten kann." (Hervorhebung: R.H.)

So wie hier die Liebe nicht der Gegensatz von Härte und Konsequenz ist, sondern ihre Grundlage, kann sie umgedreht auch Weichheit und Nachgiebigkeit „tragen", wenn die Situation es erfordert. Es gibt z.B. Schüler, die sich ein Versagen nicht verzeihen können und jetzt sofort einen Erfolg erzwingen wollen. Beim Sport könnte dies ein Boxer sein, der nicht akzeptieren kann und will, dass er seinem Gegner nicht gewachsen ist.

INKONSEQUENZ KANN AUCH GUT SEIN, WENN SIE AUS DEM RICHTIGEN VERSTEHEN EINER SITUATION ERFOLGT. Jetzt wird der Trainer für ihn das Handtuch werfen und ihn halten und trösten – das wäre genauso ein Zeichen einer positiven, wohlwollenden Beziehung zu seinem Schüler wie es die Konsequenz sein wird, wenn es später darum geht, beim Training die aufgetretenen Mängel auszugleichen.

Ich habe absolutes, volles – nicht nur mittleres oder ziemlich großes – Verständnis für Schüler, die gescheitert sind, obwohl sie sich richtig bemüht haben. Ich möchte ihnen mein ganzes Mitgefühl zeigen und sie trösten, wie ich nur kann. (Am liebsten würde ich – ehrlich gesagt – mitweinen, aber so weit sollte die Ehrlichkeit eines Lehrers dann doch nicht gehen.) Aber genauso werde ich richtig wütend, wenn ein Mensch es nicht einmal versucht, wenn er sich überhaupt nicht bemüht oder schnell wieder aufgibt, obwohl er noch gar nicht wissen kann, dass er es nicht schafft.

Die pädagogische Kunst besteht darin, hatte ich gesagt, die beiden Pole Großzügigkeit und Strenge nicht beamtensicher flach zu halten, sondern dafür zu sorgen, dass sie sich gegenseitig durchdringen oder zumindest „durchschimmern". Das bedeutet in Bezug auf das Trösten, dass dem Schüler trotz des vollen Mitgefühls seines Lehrers schon in diesem Moment schwant, mein Scheitern ist nicht der Endpunkt, ich muss wieder ran, ich kann und werde besser werden, es hat Sinn, mich wieder neu richtig anzustrengen – mein Lehrer verlangt zwar nicht den ganzen Erfolg, aber das volle Bemühen auf jeden Fall, nach wie vor, da duldet er kein Nachlassen.

Und gerade dadurch werde ich es letztendlich doch noch schaffen. (Dieses „Gesetz" ähnelt dem 4. Gesetz: Wenn es entscheidend ist, mit der Liebe wieder anfangen zu können, dann ist es genauso wichtig, auch mit der eigenen Anstrengung immer wieder neu zu beginnen.)

WENN'S DRAUF ANKOMMT, DEN BALL NICHT FLACHHALTEN, SO ODER SO. Schulleitungen in Deutschland sind besonders bemüht, „den Ball flach zu halten". Das ist verständlich, weil ihnen der Rückhalt durch die übergeordneten Behörden fehlt und weil Übeltäter, wenn sie nicht in Gruppen auftreten, plötzlich auch sehr charmant sein können. Leider lassen sich zu viele zu schnell davon täuschen, auch Medien, die dann über arme „Kidies" berichten, die „brutal" durch „herzlose Pauker" unterdrückt werden.

Durch diese Entmutigung wird Fehlverhalten nicht entschlossen bekämpft, sondern es findet ein ewiges Psychologisieren statt. Das ist so, als

wenn man gefährliche Krankheitskeime, von denen man weiß, dass sie erst bei 100 Grad Celcius abgetötet werden, mal kurz mit 40 Grad behandelt, mit schlappen Ermahnungen, weil man nicht übertreiben will, sondern „ausgewogen“ und differenziert handeln.
Dann ist das Gefährliche, Krankmachende hinterher sogar gestärkt: Es ist resistenter gegen pädagogische und psychologische Maßnahmen geworden und das schadet nicht nur den anderen, alten und zukünftigen Opfern dieser gehätschelten Täter, sondern auch diesen selbst, weil sie nun erst recht nicht auf einen guten Lebensweg zurückfinden können.
Ein Beispiel: Ältere Schüler, die von jüngeren Geld erpressten, werden von einem Schulmitarbeiter auf frischer Tat ertappt. Sie hätten mit Blaulicht von der Polizei abgeholt werden müssen. Dann wäre es gut gewesen, sie für ein paar Wochen der Schule zu verweisen, mit der Auflage natürlich, sich an jedem Morgen pünktlich Schulaufgaben für den Tag abzuholen, deren ordentliche Erledigung sie an jedem Nachmittag vorzuweisen haben (s. 12. Gesetz). Und wenn sie das alles auf die leichte Schulter nehmen, wie es aufgrund ihrer bisherigen Erfahrungen mit der Durchsetzungskraft ihrer Eltern und Lehrer anzunehmen und zu befürchten ist, dann wäre der Jugendarrest angebracht gewesen (eine „Erziehungsmaßnahme“, bei der die Delinquenten noch nicht als vorbestraft gelten), beginnend mit einem Wochenende bis zu vier Wochen.
Diese Möglichkeit gibt es; würde sie entschlossener genutzt, wäre das ein ganz klares opferfreundliches und täterfeindliches Signal. Bisher stehen diese Signale, fürchte ich, in Deutschland genau anders herum. Ich hoffe sehr, die Eltern müssen mindestens das Kindergeld zur Beteiligung an den Kosten des Jugendarrests ihrer Sprösslinge bezahlen. Die Jugendlichen selbst sind jedenfalls durchaus beeindruckt, wenn endlich einmal etwas passiert. Dann sind sie auch motiviert, sich an pädagogischen Gesprächen zu beteiligen und wirklich zuzuhören, weil ihnen erst dann der Ernst der Lage dämmert.
Der Staat erwartet von seinen Bürgern „Zivilcourage“, wenn Schwache von Gewalttätern angegriffen werden. Wann wird er denn selbst mal mutig und hört auf mit feigen Halbheiten? Wann stellt er sich offensiv und entschlossen gegen Rüpel und zwar so rechtzeitig, dass sie durch sein Zurückweichen nicht mehr lernen müssen, dass sich Gewalt – allem Gerede zum Trotz – in Deutschland ja doch lohnt, weil sich damit in Wirklichkeit am schnellsten das Meiste erreichen lässt?

Nach all diesen klaren Maßnahmen, die deutlich zeigen würden, dass hier in Deutschland die Guten in der Offensive sind und nicht rücksichtslose Täter, könnte dann immer noch geschehen, was diese arme Schulleitung gleich getan hat: Mit allen Betroffenen ein Gespräch über diesen ungeheuerlichen und kriminellen Vorgang zu führen. Vorher ist das lächerlich und verstärkt lediglich die Verängstigung der Opfer.

STEILVORLAGEN SIND AB UND ZU AUCH IM ALLTAG GUT. Pädagogische „Steilvorlagen" anstatt beamtensicherer Flachheit sind natürlich auch im unterrichtlichen Alltag möglich und nötig: Ich hatte z.B. für Schüler, die wegen einer Lese-Rechtschreib-Schwäche viele Fehler machten, volles Verständnis. Genauso groß wie dieses war aber meine Forderung, dass sie regelmäßig Tagebuch-Zeilen zu schreiben hatten. Dass Zuneigung keineswegs Strenge ausschließt, sondern eher bedingt, ist mir gerade bei diesen Übungen wie auch bei Strafarbeiten (s. 12. Gesetz), die meine Schüler anfertigen mussten, aufgefallen:
Besonders konsequent war ich nämlich zu denen, die ich am meisten mochte.* Deren Arbeitsergebnisse interessierten mich nicht nur als Lehrer, sondern auch als Mensch. Ich habe sie genau kontrolliert und auch darauf geachtet, dass die Berichtigungen in Ordnung waren und deren Berichtigungen. Das habe ich keineswegs bei allen Schülern geschafft.

* Lehrer können und müssen dafür sorgen, dass das ihre Schüler möglichst nicht merken. Aber vermeiden, dass sie einzelne Schüler mehr mögen als andere, können sie wohl nicht. Dafür erinnern sie die unterschiedlichen Menschentypen, die sich in den Kindern ja noch ursprünglicher zeigen als bei den Erwachsenen, zu sehr an Angenehmes oder Unangenehmes, das sie bisher selbst erlebten. Eltern, die psychisch stabil sind und sich nicht selbst ablehnen, können und müssen ihr Kind in jedem Fall so lieben, wie es ist, denn es ist ihr „eigen Fleisch und Blut".

Ich glaube, dass dieses 8. Gesetz, sich nicht auf eine durchschnittliche Mitte auszurichten, sondern Gegensätze in ihrer Einheit erleben zu wollen und zu können, generell im Leben zutrifft, z.B. auch für den Alkoholkonsum.
Es ist, denke ich, für einen nicht (alkohol)kranken Menschen sinnvoll, aus einer Position persönlicher Zufriedenheit heraus mal – nicht zu oft – etwas mehr zu trinken, aber niemals so viel, dass er die Kontrolle verliert und nicht mehr weiß, was er tut.

Beides richtig zu können, das Nüchtern-Sein und das Einbeziehen von Alkohol in schöne Momente, ist entschieden besser, als immer 0,5 Promille im Blut zu haben. Es ist z.B. auch viel besser, sich richtig anzustrengen und dann richtig zu entspannen als sicherheitshalber immer nur ein bisschen fleißig zu sein und ein bisschen faul oder richtig zu schlafen und dann richtig wach zu sein, als fortwährend zu dösen.
Sicher, wenn wir in Deutschland immer die Jahresdurchschnittstemperatur von 9 Grad Celsius hätten, würden wir am sichersten leben: Kein Hitzeschlag im Sommer. Keine Erfrierungen im Winter. Aber ich möchte so nicht leben: Ich möchte 30 Grad im Sommer ebenso wie auch mal 10 Grad minus im Winter oder die ganz dunkle Nacht und den ganz hellen Mittag anstatt beständiger Schummrigkeit. Diese Haltung hat mit Lebenslust und Lebensmut zu tun.
Wenn wir tot sind, gibt es keine menschlichen Aufregungen mehr, weder positive noch negative. Solange wir leben, sollten wir versuchen, das eine durch das andere besser zu verstehen und zu erleben: Mut und Angst, Hoffnung und Trauer, Glück und Leid, Lust und Schmerz, Zuneigung und Hass, Liebe und Gleichgültigkeit (seelische Kälte). Eltern und gute Pädagogen wissen aus ihrer liebevollen Intuition heraus, was für das Kind in einem bestimmten Moment gut ist, das eine oder das andere. Nein! Jetzt wäre mir beinahe ein Lapsus unterlaufen: Kinder der Gleichgültigkeit oder der hilflosen Angst auszuliefern ist niemals gut. Liebe, Einfühlen und Verstehen ist das gemeinsame „Dritte“, das immer da sein muss.
Mit das „eine oder das andere“ meine ich die bereits genannten Gegensatzpaare zwischen Großzügigkeit, Nachgiebigkeit, Ausnahmenzulassungsfähigkeit einerseits und Strenge, Konsequenz, Durchsetzungs- bzw. Regelbewahrungsfähigkeit andererseits.

DIE ANGST DURCH ZURÜCKWEICHEN NICHT STABILISIEREN, SONDERN SIE ÜBERWINDEN. Ein letztes, pädagogisches Beispiel: Eine fünfte Klasse unternimmt eine Nachtwanderung. Einzelne Mädchen geraten in Panik und weigern sich, weiterzugehen. Für die bundesdeutschen Verwaltungsbeamten ist völlig klar, was nun richtig ist: Auf Nummer Sicher gehen, die Nachtwanderung abbrechen und die Mädchen und die ganze Klasse nach Hause begleiten. Damit werden die Kinder langfristig aber nur noch mehr verunsichert, weil sie sich der Angst geschlagen gaben, und das blieb der Schlusspunkt.

Die Kinder werden so in ihrer Persönlichkeitsentwicklung behindert, die Verantwortlichen riskieren zwar nichts, aber beim nächsten Mal wird es den Mädchen noch schwerer fallen, mit ihrer Angst umzugehen. Haben sie sich in eine hysterische Panik hineingesteigert, kann es natürlich tatsächlich richtig sein, die Nachtwanderung abzubrechen.
Ich als mutig-optimistischer Mensch hätte aber Folgendes gemacht: Den ängstlichen Mädchen in aller Ruhe und Entschlossenheit „befohlen", in die Mitte der Klasse zu gehen, um dort geborgen von ihren mutigen Mitschülern und Erwachsenen zu sein, die sich ihrer Sache sicher sind. Die ängstlichen Kinder bräuchten weiter ruhige und klare Anweisungen: Ihr bleibt hier in der Mitte! Ihr hört sofort auf zu jammern! Ihr tut genau das, was wir euch sagen! Gerade Menschen in großer Angst brauchen ein starkes und sicheres Gegenüber.
Die direkte pädagogische Macht und Konsequenz wäre in diesem Fall Ausdruck der Liebe, weil sie den ängstlichen Kindern geholfen hätte, nicht in dem stecken zu bleiben, was sie seelisch klein macht, sondern ihre Angst zu überwinden und damit psychisch zu wachsen.

Das 9. Gesetz: Wer seinen Kindern Rückhalt geben will, braucht ihn durch die eigenen Eltern

„Auf Augenhöhe" – in der Beziehung zwischen erwachsenen Kindern und ihren Eltern gilt das tatsächlich

Erziehung ist ein Sonderfall von Beziehung. Aber die Beziehung Mutter-Kind, Vater-Kind reicht nicht. Für eine gute Erziehung braucht es viel mehr Beziehungen, vor allem die zwischen der Frau und dem Mann, die die Eltern ihrer Kinder sind. Diese Beziehungen waren logischerweise primär und sie bleiben es; sie tragen die Beziehungen zum Kind und die Erziehung des Kindes. Im Mittelpunkt der Familie steht nicht das Kind, sondern dort stehen die Eltern, sie machen für das Kind den Kern und das „Konzentrat" aller Familienbeziehungen aus.

So weit waren wir. Das war das 5. und 6. Gesetz. Es ist schon schwer, dass sich Mann und Frau (weiter) gegenseitig als die wichtigsten Menschen respektieren, wenn sie Eltern geworden sind. Ich glaube, noch schwieriger ist, das mit dem Rückhalt durch die verschiedenen Großeltern zu verbinden. Dem steht die Traditionsfeindlichkeit der deutschen Gesellschaft entgegen. Sie gilt in Bezug auf die Ressentiments gegenüber den „rückständigen" Alten in der eigenen Familie – die kapieren ja als Angehörige der bevölkerungsreichsten Nation der EU schon nichts, wenn sie sich in Deutschland bloß ein Radio eines deutschen Herstellers kaufen.

„On" und „off", „Tuner" und „Volume", sie verstehen nur Bahnhof, genauso wie auf demselben, wo sie bei sich selbst zu Hause nicht einmal mehr ein WC finden, wenn sie in Deutschland nicht Englisch, sondern deutsch können, die „Bauerntölpel". Die Welt hat sich schneller verändert, als die Alten hinterherkommen konnten. An diese elementare Form von Diskriminierung denkt erstaunlicherweise keiner aus unserer politischen Klasse.*

* Günther Oettinger, jetzt Kommissar in Brüssel, hat 2006 in einem Interview mit dem Südwestrundfunk erklärt: „Englisch wird die Arbeitssprache. Ich glaube, jeder – egal ob Facharbeiter an einer Werkzeugmaschine, ob Geschäftsführer oder ob er Zahlen oder Anleitungen liest – muss Englisch verstehen und Englisch sprechen können. Deutsch bleibt die Sprache der Familie, der Freizeit, die Sprache, in der man Privates liest." Heißt das nicht für die Ausländer in Deutschland: Meine Privatsprache ist türkisch, arabisch oder wie auch immer und meine Arbeitssprache in Deutschland ist

Englisch? Schafft sich Deutschland in sprachlicher Hinsicht selbst ab? Ich habe die Hoffnung noch nicht aufgegeben, dass wir diesen Trend stoppen können, alle Deutschsprechenden weltweit, die diese schöne und schwere Weltsprache (vgl. Wolf Schneider 2008) lieben und sie nicht umsonst oder bestenfalls nur für Küchengespräche gelernt haben wollen.

Dadurch wird der Zusammenhalt der Generationen erschwert; junge Eltern bekommen zu wenig Rückhalt durch ihre Eltern. Oder sie verhindern ihn auch selbst, denn sie wachen eifersüchtig über ihre Kinder, wollen den knapp gewordenen „Sonnenschein" für sich selbst beanspruchen. Omas und Opas dürfen Notwendiges mit ihren Enkeln erledigen, sie z.B. von der Schule nach Hause fahren und umgedreht, aber etwas Zusätzliches selbstständig mit ihnen unternehmen, ohne die Aufsicht der „modernen" Eltern, die ja allein auf dem neuesten Stand sind, kommt oft nicht in Frage.
Das ist schlecht für die „Kleinen". Ich kann es aber „verstehen", mir erklären, geistig nachvollziehen – ohne es dadurch richtig zu finden, absolut nicht (siehe den Abschnitt „Verstehen heißt nicht ‚Verständnis haben'" im 8. Gesetz) –, weil sichere Beziehungskandidaten in unserer Welt nun einmal so rar geworden sind. Dann gilt: Jeder rette sich selbst und hole sich die nötige Liebesdosis, woher er sie noch kriegen kann.

WIR BRAUCHEN EINE LIEBESOFFENSIVE DER ERZIEHENDEN ERWACHSENEN UNTEREINANDER. Alle haben ein Recht darauf: Die Erwachsenen selbst und die Kinder nicht minder, denn sie werden gut nur geliebt von Müttern und Vätern, die nicht ihrerseits ausgehungert sind nach Liebe, sondern gesättigt sind in dieser seelisch primären Hinsicht.
Nur der kann souverän und beruhigend seine Kinder erziehen, dessen eigene Liebessehnsucht beruhigt ist und der nicht angewiesen ist darauf, dass ihn seine Kinder in jedem Moment zurücklieben. Damit die Liebe wachsen und sich innerlich, von grundauf stärken kann, muss es nämlich auch Phasen der Distanz zum Kind geben und der klaren Konfrontation mit denen seiner Verhaltensweisen, die nicht akzeptabel sind.
Die „Liebesaktien" können nicht nur steigen. Es muss auch Phasen ihrer Konsolidierung durch ein zeitweises Fallen geben. Das so zu durchstehen, dass danach ein weiteres Wachstum möglich ist, kann eine Familie nur, wenn sie von Eltern geführt wird, die sich selbst geliebt wissen von den

Mitmenschen ihrer „Liga“ oder von denen, die sogar noch stärker sind als sie.

Dazu gehören ohne Zweifel die eigenen Eltern. Ihr spezieller Platz im Familienleben besteht nicht nur darin, großzügige Partner ihrer Enkelkinder zu sein mit einem weitem Blick über das Leben und der Fähigkeit, den aktuellen Geist der Zeit mit vorangegangenen zu vergleichen und ihm dadurch nicht so „betriebsblind“ verhaftet und ausgeliefert zu sein, wie z. T. ihre Kinder das sind.

DAMIT KINDER NICHT ZU DEN ERSATZPARTNERN IHRER ELTERN WERDEN MÜSSEN, SOLLTEN ELTERN UND GROSSELTERN EINE ECHTE PARTNERSCHAFT PFLEGEN. Die Eltern der Eltern sind wichtig als tatsächliche Partner „auf Augenhöhe“, damit auch die jungen Eltern noch ein Stück Kind bleiben und neue Kraft tanken können und in ihrer Not der Beziehungslosigkeit nicht ihre eigenen Kinder, jedenfalls so lange sie noch minderjährig sind, zu Lebensersatzpartnern machen müssen. Das ist das 9. Gesetz.

Ich muss da an ein Bild denken, das ich in einer Kinderarztpraxis hängen sah: Eine Riesenrübe ragt halb aus dem Acker. Eine Personengruppe steht in einer Reihe und versucht, sie aus dem Boden zu ziehen. In meiner Erinnerung, passend zu diesem 9. Gesetz, fängt sie mit einer Maus an, dahinter eine Katze, dahinter ein größerer Hund, dann ein Junge, ein größeres Mädchen, Mama, Papa, Großmutter und am Ende der Großvater. Alle umfassen sich und versuchen, mit einem gemeinsam abgestimmten Ruck die Rübe zu ziehen. So stelle ich mir auch den Rückhalt vor, den die Generationen sich gegenseitig geben.

Wer Kinder hat und sich zugleich (wieder) selbst als Kind seiner Eltern fühlen kann, hat die „Kraft der Doppelherzen“, ein guter Vater oder eine gute Mutter zu sein: Hinter seinem Mutter- oder Vaterherzen steht ein weiteres, sie sind sozusagen durch eine Längslinie väterlicher oder mütterlicher Liebe miteinander verbunden.

Das verleiht ihnen mehr Halt und Kraft als es von einem einzelnen Punkt der Mütterlichkeit oder Väterlichkeit aus möglich ist. Die Beziehung zwischen Vater und Mutter als Mann und Frau ist eine „Querlinie“ der Liebe, die ebenso Halt gibt (5. und 6. Gesetz). Ideal wäre natürlich eine Verbindung dieser beiden Liebesarten zu einem „Kreuz“ der Stärkung von Mutter und Vater einerseits durch ihre gegenseitige Liebe („Querbalken“) und andererseits durch die Liebe von ihren Eltern („Längsbalken"). Dann wären sie sozusagen von der Seite und von hinten gehalten und könnten ihre ganze Kraft nach vorn auf ihre Zukunft und damit auch auf ihre Kinder richten.

VERSÖHNUNG UND „VERTÖCHTERUNG" IST DAS URMUSTER DER WIEDERHERSTELLUNG EINER GUTEN ORDNUNG DURCH ANNAHME UND VERSTEHEN. „Versöhnung" – ist etwas im Leben insgesamt Entscheidendes. Das Urmuster dafür ist die Versöhnung zwischen Eltern und ihren Kindern. Es bedeutet, ein Kind wieder zu seinem Sohn oder zu seiner Tochter zu machen, wie das im Neuen Testament der Bibel so wunderbar in der Geschichte vom verlorenen Sohn beschrieben ist. Der Vater ist der Stärkere. Er geht auf seinen gescheiterten Sohn zu.

„Versöhnung" heißt, in Bezug zu seinen Eltern jetzt wieder mehr als nur irgendein Junge oder irgendein eine Generation jüngerer Mann zu sein: Er kann sich nun wieder als „Sohn" seiner Eltern fühlen, wie diese sich im Verhältnis zu ihm nicht mehr als irgendwelche älteren Frauen oder Männer verstehen, sondern ganz bewusst als sein Vater oder seine Mutter. Das ist eine Urordnung beständiger Liebe, gleich nach der zwischen Mann und Frau.

Liebe weibliche Menschen, seid bitte nicht traurig, dass es das Extrawort „vertöchtern" nicht gibt; ihr seid mitgemeint, wenn etwas so Wunderbares gelingt wie Versöhnung. Sie gibt Kraft, auch im übertragenen, abgeleiteten Sinne zwischen Mann und Frau, zwischen Freunden und Kollegen.*

* Eines der Lieder, das wir zum Frühstück und zum Gottesdienst (in) der Paulus-Schule oft gesungen haben und singen, lautet: „Wie ein Fest nach langer Trauer, wie ein Feuer in der Nacht, ein offenes Tor in einer Mauer, für die Sonne aufgemacht. Wie ein Brief nach langem Schweigen, wie ein unverhoffter Gruß, wie ein Blatt an toten Zweigen, ein ‚Ich-mag-dich-trotzdem-Kuss'."

In einer Gesellschaft, die gesund ist, die wächst, stärken sich alle miteinander lebenden Generationen, von „oben", von den Alten her, nach unten, zu den Jungen.

Es sei denn, die Alten sind inzwischen selbst hilflos wie die Kinder. Ich weiß, dass das kompliziert ist, weil es Großeltern gibt, die ihre Enkel wie

Prinzen behandeln und ihnen alles Recht machen, während sie im gleichen Atemzug die eigenen Kinder immer noch auf autoritäre Weise erziehen wollen.

VERÄNDERUNG IST NÖTIG, ABER MINDESTENS GENAUSO WICHTIG, WIE NEUE, „BESSERE" BEZIEHUNGEN EINZUGEHEN, IST ES, DIE ALTEN ZU VERBESSERN. Jedes falsche und böse Verhalten erwächst im Grunde aus Angst, aus der Angst nicht genug geliebt zu werden. Bei den erwachsenen Kindern sind die „Messen bereits gesungen", da hat sich das Scheitern schon verfestigt. Bei den Jungen, den Enkeln, glauben die Alten, noch eine Chance zu haben. So kommt dieses Muster zustande, dass sie zu ihnen oft viel lieber sind als zu den eigenen Kindern. Wir haben hier wieder den „Zauber des Neuanfangs". Das 4. Gesetz scheint zu stimmen: Bloß hier fängt die Liebe mit anderen Menschen, den Enkeln, neu an. Aber ganz anders als die eigenen Kinder sind sie ja auch nicht, so dass die Liebe „verschämt" und verdeckt auch mit diesen wieder neu anfängt.
Sich neue Menschen zu suchen ist in der Not der Entmutigung der leichtere Weg: So wie sich auch Ehepartner, die sich liebten, verlassen und einen Neuanfang in der Liebe mit anderen Partnern versuchen. Die größere Leistung wäre, mit den alten und gleichen Partnern einen Neuanfang zu schaffen. Aber es ist menschlich, dass uns das oft nicht gelingt, nachdem uns der Halt von Konventionen und Religion weitgehend abhanden gekommen ist und wir mehr denn je allein uns selbst, unserem eigenen Willen, ausgeliefert sind.
Dieses Muster findet sich auch bei Kindern. Sie zeigen sich oft von einer ganz anderen, viel sympathischeren Seite, wenn ein Neuer in ihr Leben kommt, den sie irgendwie für wichtig halten und von dem sie wissen, dass sein Bild von ihnen noch nicht feststeht.
Erziehung kann auch ohne Großeltern funktionieren, natürlich. Aber es wäre ideal und besser für alle, Eltern würden nicht nur ihre Beziehung untereinander pflegen und vertiefen, sondern auch die zu ihren Eltern und umgedreht. Ordnung ist auch hier die Voraussetzung für gute Beziehungen und sie hilft, Missverständnisse und Überforderungen zu vermeiden: Die Verantwortung für die Erziehung ihrer Kinder tragen die Eltern. Die Großeltern sind ihre Berater und Unterstützer, nicht ihre Aufsichtspersonen. Sie sollen ehrlich ihre Meinung sagen, aber die Eltern haben das letzte, entscheidende Wort, wenn es um ihre Kinder geht.

Wenn sich alle ganz darüber im Klaren sind, einschließlich der Kinder selbst, müssen die Eltern auch nicht so empfindlich sein, wenn die Großeltern an der einen oder anderen Stelle eine andere Meinung zur Erziehung ihrer Enkel haben. Denn sie wissen ja ganz genau: Wir haben sowieso das letzte Wort. Und wer stark ist, kann ruhig und großzügig sein. Sind die Kinder bei den Großeltern allein ohne ihre Eltern, gilt im Rahmen der großen Linien, die die Eltern abgesteckt haben, das, was im Haus oder in der Wohnung der Großeltern üblich ist.

Einigen sich Eltern und Großeltern auf dieser Basis, können sie gemeinsam den Jüngsten der Familie ein hilfreiches Beziehungsgeflecht bieten, durch dessen Maschen diese nicht so leicht rutschen werden, wenn sie in Gefahr sind zu fallen. Das ist doch ein guter Grund, von beiden Seiten immer wieder neue Anläufe zu unternehmen, die Beziehung Eltern-Großeltern zu verbessern.

Das 10. Gesetz: Kinder brauchen insgesamt ein Profil der Generationen ihrer Eltern und Großeltern

Leben und erziehen heißt kämpfen. Es kommt nur darauf an, dies mit Liebe zu tun und fair.

Das, was ich bis jetzt über den richtigen Platz der Eltern und Großeltern im System Familie gesagt habe, gilt übertragen ebenso für die Lehrer und andere Erziehende: Pädagogen können ihre Zöglinge nur mögen, wenn sie sich zunächst gegenseitig akzeptieren und achten.
Kinderfreundlichkeit braucht die Freundlichkeit aller sie erziehenden Erwachsenen untereinander. Alle, die Kindern mit Wohlwollen tagein, tagaus etwas beibringen sollen und wollen, brauchen selbst Freundlichkeit, sonst brennen sie aus. Dieser Rückhalt kann nicht zuerst von den Kindern kommen, schon gar nicht, wenn die Eltern sich mit ihnen identifizieren, immer noch symbiotisch mit ihnen verbunden sind, obwohl die Kinder vielleicht schon in die Schule gehen. (Das wäre wie bei Münchhausen, der sich selbst am eigenen Schopf aus dem Sumpf gezogen haben wollte.)
Damit würden sich Erziehende von den Kindern abhängig machen, wären gefährdet, auf ihre Rückliebe nicht warten zu können und sie immer sofort haben zu wollen. Das wiederum macht es unmöglich, den Kindern ein klares Profil erwachsener Erwartungen zu geben, das steht und mit dem sie sich auseinandersetzen können.

ERZIEHEN HEISST, FAIR UND MIT LIEBE KÄMPFEN. Davon bin ich überzeugt. Es ist weder möglich noch sinnvoll, diesen Kampf zu verhindern, auch den zwischen den Generationen nicht, es kommt nur darauf an, ihn mit Liebe und fair zu führen. Die Jungen müssen mehr lernen (folgen), als dass sie lehren (führen) dürfen. Das ist die ganz natürliche Logik ihres Lebensstandes.
Nur durch die Auseinandersetzung um die Lösung klarer Widersprüche – ich will das und soll aber das – findet Entwicklung statt. Deshalb brauchen auch Lehrer und Erzieher Rückhalt, damit sie in diesen Kämpfen standhalten können, ohne innerlich böse und giftig werden zu müssen. Die Alten dürfen und müssen mehr führen, als dass sie den Kindern fol-

gen, aber – das Leben ist von seiner Grundkonstruktion her so gerecht – erstens werden Kinder selbst Alte, unweigerlich, und die Alten werden, wenn sie es richtig sind, wieder wie Kinder und vor allem tragen zweitens die, die führen, die Verantwortung, nämlich in erster Linie dafür, dass das erzieherische Kämpfen (und umgedreht) tatsächlich liebesunterfüttert bleibt und wirklich fair.

Gott oder wer auch immer hat das gut eingerichtet: Kinder sind wilder und stürmischer, aber auch „süßer“ als ausgewachsene Menschenexemplare. Deswegen können Erwachsene von Natur aus, wenn sie nicht seelisch schwer geschädigt sind, immer wieder die Liebe als Grundlage erzieherischer Auseinandersetzungen zurückholen und auch eher über den Schatten ihres Stolzes springen und sie – die Liebe – zeigen, wozu ein beleidigtes Kind vielleicht nicht so schnell in der Lage ist. Dafür kann es von „den Alten“ „vorgeschossene“, in diesem Moment scheinbar unverdiente Liebe, besser zurückgeben, ganz spontan und ursprünglich. Ausgleichende Gerechtigkeit – ein wunderbarer Lebensplan unserer Natur.

Aber auch das Gegenteil stimmt, wenn Kinder das Schicksal unreifer Eltern haben: Es ist schon „Wahnsinn“, wie stark die Liebe der Kinder trotzdem zu ihren Eltern ist, von Natur aus. Immer wieder können sie sich neu öffnen für ihre Eltern und sind wieder lieb, können sie vergessen, was ihnen gerade an Ungerechtigkeit angetan wurde. Alles hat seinen Sinn: Solche Kinder sind auf spätere Ungerechtigkeiten wahrscheinlich besser vorbereitet als die Kinder reifer, gerechter Eltern.

DIE LIEBE MUSS WEITER GEGEBEN WERDEN VON SEELE ZU SEELE. Liebe fließt oder sie stirbt, wobei es auch möglich ist, dass die Liebe wenigstens innerhalb einer Seele weiter fließt. Ich denke aber, dass das über eine längere Zeit nur reifen Gemütern möglich ist, die schon viel äußere Liebe verarbeiten konnten. Und genauso wie Selbstgespräche immer sinnloser werden, wenn keine wirklichen Gespräche mehr stattfinden, wird letztendlich auch dieser innere Kreislauf der Liebe zum Stocken kommen müssen, wenn er jahrelang von konkreten, wirklichen Beziehungen zu anderen abgeschnitten ist.

Selbst wenn dieser todtraurige Fall eingetreten ist, fließen Gefühle weiter, solange Menschen leben, schlimmstenfalls sind es dann Selbstmitleid, Hass, Bosheit und Gehässigkeit. Aber auch diese dunklen Seiten der Gefühlswelt gehören seit Anbeginn zu einer Liebesbeziehung. Schlimm wird es nur, wenn sie unkontrolliert und unkontrollierbar für sich allein stehen. Die entscheidende Frage ist: Was ist das Primäre, das Stärkere, was macht das andere zum Mittel für seinen Zweck? Natürlich bedient sich selbst die Liebe oft einer wohldosierten kleinen Portion Bosheit. Das ist ein Zeichen für ihre Lebendigkeit. Solange die Liebe die Bosheit unter ihrer Kontrolle hat und nicht umgedreht, nennt man das: „Was sich liebt, das neckt sich!“ Und das ist doch schön – oder?

DASS SICH ELTERN UND PÄDAGOGEN GUT VERSTEHEN, WAR SCHON IMMER SCHWIERIG. Wer lässt sich schon gern reinreden, wenn es um das eigene Fleisch und Blut geht? Aber jetzt ist es noch viel komplizierter geworden: Vereinzelte Mütter und Väter sind mehr und mehr auf sich zurückgeworfen. Das Vertrauen zum Mitmenschen ist gesunken. Ängstlichkeit und Misstrauen dominieren. Jeder will sein Eigenes – und dazu gehören in erster Linie die Kinder – schützen vor den Zumutungen dieser Welt. Kritik an ihnen empfinden viele Eltern wegen der zunehmenden symbiotischen Verbundenheit mit ihren Kindern als Angriff gegen sich selbst.

In unserer „Ich-lass-mir-nichts-gefallen“- und „Ich-kenne-meine-Rechte“-Gesellschaft bekommen Lehrer dann die aufgestaute Wut ab, die den gesamten Staat treffen soll, sie sind eine Projektionsfläche dafür geworden, gerade so wie Staatsbeamte aller Art, besonders Polizisten. Ich frage mich, wer auf die Dauer in Deutschland noch Pädagoge oder Polizist werden möchte.

Wie sehr es stimmt, dass sich die untergeordneten Teile eines Systems nur so stark und sicher fühlen können, wie es die verantwortlichen Anführer und Sicherungskräfte dieses Systems sind, also zum Beispiel Kinder in ihrem Lebensgefühl durch die Ängstlichkeit und Unsicherheit ihrer Eltern selbst geschwächt werden, fällt mir jedes Mal wieder auf, wenn ich Bilder sehe, wie die deutsche Polizei vor einem sie angreifenden Mob sozusagen achselzuckend und nur mit Mühe den Anschein von Würde wahrend zurückweicht.

Das ist das 10. Gesetz: Kinder brauchen für ihre Persönlichkeitsentwicklung ein klares gemeinsames Profil aller für sie wichtigen Vertreter der erwachsenen Generationen, mit dem sie sich auseinandersetzen können. Ein Kind braucht für seine persönliche Entwicklung ein ganzes Dorf, heißt es so zutreffend in einem afrikanischen Sprichwort.

LIEBE IST SO WERTVOLL UND EDEL, DASS SIE DES RÜCKHALTS UND SCHUTZES BEDARF. Einzelne erwachsene Erziehende brauchen Rückhalt in ihrem Generations- und Berufsstand, der sie zugleich miteinander verbindet. Sie brennen aus, wenn sie nur Kraft ihrer eigenen Seele alle Konflikte regeln sollen. Unweigerlich. Sie müssen sich im Falle des Falles schützen können mit ihrem Status als Erwachsene, Eltern, Lehrer oder Erzieher.
Sie brauchen, wie Bernhard Bueb (vgl. 2006) das ganz richtig sagt, eine „Amtsautorität", die sie schützt, ganz unabhängig davon, wie gut oder wie schlecht ihre aktuelle Tagesform ist. Gibt es diesen individuumübergreifenden Schutz für Personen, die sich beruflich anderen Menschen ausliefern, sich ihnen mit ihrer Seele stellen und dann von Kindern ganz ursprüngliche, unverstellte Rückmeldungen wie „Du bist blöd"* verkraften müssen, nicht, sollten sensible Menschen, die unter Versagensängsten leiden, gleich von vornherein auf einen pädagogischen Beruf verzichten.

* Natürlich hören sie genauso unverstellt z.B. auch: „Sie sind der beste Lehrer der Welt". Deswegen zu sagen, wer das eine will, muss das andere ertragen können, ist falsch. Das hieße auf die Gesellschaft insgesamt bezogen: Wer Liebe will, muss sich auch Beleidigungen und Verleumdungen gefallen lassen. Nein, das ist zu Recht justiziabel.

Dann blieben dafür die Hartgesottenen, die Starken übrig, und das wäre erstens für die Kinder nicht gut und zweitens suchen sich gerade Vertreter dieses Menschenschlages lieber einen besser bezahlten Job mit weniger Stress.

ERZIEHENDE BRAUCHEN RÜCKHALT, WEIL SIE DIE UNVERMEIDLICHEN KONFLIKTE MIT DEN KINDERN NICHT AUF FREUNDSCHAFTLICHER BASIS LÖSEN KÖNNEN. Freunde sind gleichberechtigte Partner. Sie müssen einander überzeugen, wenn sie vom anderen etwas erwarten. Sie können z.B. sagen: „Zieh' dir lieber was an, es ist kalt draußen." Wenn es der Partner dann nicht tut, bleibt ihnen nichts anderes übrig, als das achselzuckend zur Kenntnis zu nehmen.
So leicht dürfen es sich die Eltern, Erzieher, Lehrer und andere Pädagogen nicht machen. Auf die Antwort: „Nö, ich friere nicht", müssen sie entgegnen: „Du ziehst dir trotzdem was an!", wenn sie sicher sind, dass es zu kalt ist. (Ausnahmen bestätigen die Regel. In einem Einzelfall kann es auch

sinnvoll sein, ein kurzes Frieren des Kindes zu riskieren, damit es aus dieser Erfahrung lernt.) Erziehende tragen die Verantwortung für das Kind und nicht umgedreht. Das ist kein ausgewogenes, gleichberechtigtes Verhältnis: Erzieher haften für ihre Kinder und deren Wohlergehen. Wenn das Kind dann mault: „Warum denn?“, ist eine Fortsetzung der Diskussion meist nicht hilfreich. Besser und klarer ist, aus dem Stand der verantwortlichen Position heraus zu erwidern: „Weil ich es dir sage und Schluss mit der Diskussion“.

Damit kann man natürlich nicht nach Jahren einer anderen Praxis plötzlich beginnen. Ist dies aber rechtzeitig geschehen, haben Kinder damit gar kein Problem, wenn sie sich nur auf eine starke und ehrliche Weise von dem jeweiligen Erziehenden geliebt oder gemocht fühlen und er zugleich die nötige Distanz von seinem „Stand“ zu dem des Kindes wahren konnte.

Stolz wird hier in Deutschland vermerkt, dass Lehrer heute von Schülern nicht einfach mehr ein bestimmtes Handeln verlangen könnten, sondern sie dafür gewinnen müssten. Ich bin nicht stolz darauf, denn das führt zu einer Kultur ewiger Diskussionen, die es uns allen unnötig schwer macht, nicht zuletzt den Kindern selbst: Das Profil unserer Gesellschaft ist abgefahren. Wir kommen ins Rutschen, vor allem unter schwierigen Fahrbahnverhältnissen (Wirtschaftskrisen u. ä.).

KLARHEIT UND EINDEUTIGKEIT SIND WICHTIGE ERZIEHUNGSHILFEN.
Wäre es nicht hilfreich und konfliktmindernd, wenn sich die Gesellschaft darüber einig wäre, dass Kinder ab zwei, drei Jahren bis zur Pubertät in der Regel ihren Eltern, Erziehern und Lehrern zu gehorchen haben? Ausnahmen ergeben sich dann schon noch von alleine genug.

Sind Diskussionen nicht gerade dann wertvoll, wenn Eltern und Lehrer die strategische Initiative behalten und festlegen können, wann Schluss ist damit? Wäre das nicht gerade für die Kinder wichtig, die erst einmal ein klares und festes Wertefundament brauchen, damit sie daraus ihr Eigenes kreieren können? Wer lernen soll, Grenzen kreativ zu überschreiten, muss doch erst einmal welche verinnerlicht haben.

Es gibt Erwachsene, die wollen Kindern partout nichts „aufdoktrinieren“. Sie dürften dann mit ihnen in keiner Sprache sprechen, denn sie wissen ja gar nicht, ob die Kinder nicht lieber eine andere lernen wollen. Für das Eigene können sich Kinder erst dann entscheiden, wenn sie eine elterliche Vorlage bekamen, von der sie ausgehen können.

Insofern würde ich als Christ mein Kind ohne Diskussion, ob es selbst meint, das „bringt mir was“ oder nicht, bis zu seinem 14. Lebensjahr mit in die Kirche nehmen oder als Moslem in die Moschee. Erst wenn Menschen wirklich – durch eigenes Erleben und Handeln – etwas kennen gelernt haben, können sie sich danach frei entscheiden, was für sie passt. Viele glauben, ein unverbindliches Schlendern durch den großen Supermarkt der Religionen – hier ein bisschen Christentum, dort ein wenig Islam, auch noch Judentum, eine Prise Hinduismus und Buddhismus würde die jungen Menschen befähigen, für sich die richtige Entscheidung zu treffen. Ich glaube das aus all den Gründen, die hier in diesem Buch stehen, nicht.

Erst in der Beziehung zu anderen Menschen erfahren wir, wer wir selber sind. In Königswartha habe ich – wieder einmal – gemerkt, wie schwer es mir fällt, Menschen eindeutige Vorgaben zu geben, die ich mag und deren Urteil über mich mir wichtig ist, jedenfalls dann, wenn sie mir nicht einzeln, sondern in der Gruppe gegenüberstehen. Ich mag Kinder und lasse mich gern auf sie ein. Oft habe ich es aus pädagogischen Vernunftgründen geschafft – ein Erziehungsberater kann sich ja auch selbst beraten –, ihnen eine klare Vorgabe zu geben, das dann aber durchzuhalten, fiel mir schwer.

Ich konnte mir als gestandener erwachsener Mensch und Lehrer nicht genug Rückhalt durch Menschen meiner eigenen Generation bzw. benachbarter Generationen verschaffen und war dadurch zu liebesbedürftig gegenüber meinen Schülern. Dann lassen sich pädagogisch nötige Durststrecken der Konfrontation nur schwer aushalten. Also auch meine eigenen Lebenserfahrungen zeigen mir, wie wichtig es ist, dass die Erwachsenen, die Eltern und die Lehrer sich gegenseitig stärken, nicht gegen die Kinder, sondern für sie.

WIE GEHT DAS – DIE GEGENSEITIGE STÄRKUNG ERZIEHENDER? Hauptsächlich dadurch, indem jeder dem anderen ohne Vorurteile zuhört und ihm prinzipiell einen guten Willen zubilligt, anstatt ihm sofort einen bösen zu unterstellen. Angeblich ginge es um das Wohl der Kinder und deswegen sei es nötig, leidenschaftlich „Tacheles“ zu reden. Aber keiner leidet so sehr unter diesem Streiten wie die Kinder, selbst dann, wenn ein Verfechter von Kinderrechten oder ihren angeblichen „Bedürfnissen“ gewinnt.

Was vorschnell für ein seelisches Bedürfnis gehalten wird, ist oft nur eine triebhafte Begierde, die kurz an der Oberfläche der kindlichen Seele aufflackert. Und die großen Tränen kullern trotzdem. Das wirkliche Bedürfnis sitzt in der Seele ein, zwei „Etagen" tiefer und es ruft leise: Bitte Mama, bitte Papa, ich schrei zwar laut wegen dem Spielzeug, weil ich es unbedingt haben will. Aber „eigentlich" – wenn es nach meinem tiefen, inneren Eigenem geht – möchte ich eine Mama und einen Papa, die mir standhalten können, die nicht jedes Mal umfallen, wenn ich nur laut genug Rabatz mache. Ich selbst kann das doch gar nicht wissen, was mir hier der Autor dieses Buches in den Mund legt. Ihr seid doch die Großen, meine Eltern, ihr müsst es doch wissen!
Eignen sich die Erwachsenen hier nicht ein feines Gefühl dafür an, zwischen wirklichen seelischen Bedürfnissen und triebhaften Begierden zu unterscheiden, werden sie „sicherheitshalber" alle nachdrücklich geäußerten kindlichen Wünsche für einen Ausdruck echter Bedürfnisse halten. Dadurch lernen die Kinder gerade das Falsche: Mich möglichst emotional zu verweigern, bringt mich weiter. Das funktioniert in Überflussgesellschaften, aber diese Zeiten neigen sich dem Ende zu.
Wie können sich Erziehende dieses „feine Gefühl" aneignen? Wieder nur durch Kommunikation miteinander, durch einen Austausch und Abgleich der verschiedenen Eindrücke und dann soll jeder in seinem Bereich das letzte Wort haben: Die Eltern zu Hause in der Familie und die Lehrer in der Schule.

ELTERN UND LEHRER MÜSSTEN GEGENSEITIG DAS FOLGENDE AKZEPTIEREN:
Im Mittelpunkt der Familien stehen die Eltern und im Mittelpunkt der Schule stehen die Lehrer. Sie bleiben in ihrer Familie oder Schule; die Kinder kommen und gehen. Die Erwachsenen müssen füreinander die „Nummer 1" sein und bleiben, damit die Kinder ihre Liebe bzw. Zuneigung nicht gesplittet und konkurrierend erfahren, sondern vervielfacht durch die positiven Synergieeffekte dieser Gemeinschaftlichkeit.
Wir sollten eine Konferenz von Vertretern aller der abhalten, die Verantwortung für die gute Entwicklung der Kinder und Jugendlichen in den Familien, Schulen, Kindertagesstätten, bei der Jugendhilfe, in der Polizei und in der Jugendgerichtsbarkeit tragen. Wir müssten uns einigen, welche Leitkultur für unsere Kinder gilt, und zwar konkret im Alltag, wie wir sie gemeinsam, uns gegenseitig Rückhalt gebend, vertreten und vor allem

durchsetzen – im Interesse der Kinder, denn diese sind es, die am meisten von ihrer guten Erziehung profitieren.

Das könnte ein erziehungsfreundliches Klima in der gesamten Gesellschaft schaffen, so dass die Eltern und anderen Erziehenden im Einklang mit ihrer Welt handeln können, mit gesellschaftlichem Rückenwind sozusagen. Das fängt damit an, wie wir endlich den unhaltbaren Zustand beenden, dass geltende Gesetze in den öffentlichen Räumen einfach ignoriert werden. Dazu gehört z.B. das Rauchverbot für unter 18-Jährige, das selbstverständliche Benutzen der Bürgersteige durch Fahrradfahrer, die längst älter als zehn Jahre sind, ebenso wie das Gebot für Hundehalter, den Kot ihrer Tiere zu entfernen.

Gerade solche alltäglichen Kleinigkeiten bestimmen über die Jahre das Bewusstsein und die Moral einer Gesellschaft. Es ist verheerend, was junge Menschen daraus lernen, wenn sie Tag für Tag erleben, dass ihre Gesellschaft unfähig und unwillig ist, im realen Alltag die eigenen Gesetze durchzusetzen.

Das 11. Gesetz: Kinder haben ein Recht auf die freundliche Macht ihrer Eltern und Lehrer

Das Gegenteil von Machtmissbrauch ist nicht der Verzicht auf die Macht, sondern ihr vernünftiger und kluger Gebrauch

Das 10. Gesetz war: Alle erwachsenen Erziehenden, Eltern, Großeltern, Kindergärtner und Lehrer müssen sich untereinander respektieren und stärken, damit sie gute Beziehungen zu „ihren" Kindern aufnehmen können (und auf dieser Grundlage auch „Erziehungen"). In den Ländern mit der erfolgreichsten Bildung gehört der Lehrerberuf zu den geachtesten und anerkanntesten. (Ich vermute, mit der Polizei steht es dort ähnlich.) Bei dieser grundsätzlichen Mentalität müssen wir ansetzen und nicht wieder und wieder Gegensätze konstruieren zwischen angeblich zu viel Macht, die die Lehrer hätten, und den Rechten der Kinder. In Wirklichkeit ist es so: Kinder haben ein Recht auf die Liebe ihrer Eltern und das Wohlwollen ihrer Lehrer. So etwas Schönes, so etwas Edles halten beide nur durch, wenn sie Macht über die Kinder haben dürfen, dann, wenn diesen von ihrer eigenen Natur her noch die Kultur fehlt, fehlen muss, ein nötiges Verhalten zu beginnen oder ein falsches zu lassen.

KINDER HABEN EIN RECHT AUF DIE MACHT IHRER ELTERN UND LEHRER, WENN SIE VON IHNEN GELIEBT BZW. GEMOCHT WERDEN. Das ist das 11. Gesetz. Die Macht aus Liebe und mit Liebe ist gut. So kommt der paradoxe Satz zustande: Kinder brauchen Konfrontation, auch Strafe, aber nur von denen, die sie – und das ganze Leben – auf eine mütterliche oder väterliche Weise lieben oder – im Falle von Pädagogen – mögen.

Wenn es den Lehrern tatsächlich gelingt, ihre Beziehungen untereinander zu pflegen und nicht als Einzelkämpfer um die Liebe ihrer Schüler zu ringen und wenn es zugleich ehrliche Beziehungen zu den Eltern der Schüler gibt, dann kann sich ein Machtmissbrauch einzelner Lehrer nicht halten. Das geht nur hinter verschlossenen Klassenzimmertüren. Ein offenes und liebevolles Umgehen von Kollege zu Kollege, so dass es keiner nötig hat, sein Versagen und seine Ängste zu vertuschen und ein grundsätzlich vertrauensvolles Verhältnis zu den Eltern verhindern, dass sich einzelne Lehrer auf den Irrwegen des Machtmissbrauchs festfahren (wie ein hochgestresster Fahrer, allein im Auto, unter großem Zeitdruck, der in seiner

Verzweiflung stur seinem nicht mehr aktuellen Navigations[Werte]system folgt und auf dem Acker landet.)
Die sich so selbst kontrollierende Erziehungsmacht ist das notwendige Pendant zu wilden und offenen Kindern, die wir heute haben und auch haben wollen. Wildheit und Offenheit brauchen Außengrenzen, die wirksam gesichert werden können durch die, die die Verantwortung tragen. Je entschlossener und rechtzeitiger die Erziehungsberechtigten das tun, also führen und Grenzen setzen, desto eher können sie – und auch andere Ordnungskräfte in der Gesellschaft, z.B. Polizisten – wieder darauf verzichten.

DIE DEUTSCHE WIRKLICHKEIT FUNKTIONIERT ABER NACH DEM PRINZIP DER „ALLGEMEINEN VERUNSICHERUNG". Die österreichische Band mit diesem Namen hat es in ihrem Lied „Banküberfall" auf den Punkt gebracht: Ein junger Mann reicht der Kassiererin einen Zettel, auf dem steht: „Banküberfall!" Sie, eine resolute Frau, sagt: „Junger Mann, was fällt Ihnen ein?! Stellen Sie sich gefälligst hinten an!" Er: „Na gut, dann zahl ich eben was ein!"
Das ist ein metaphorisches Gleichnis auf unsere Gesellschaft. Überlegen Sie, wer ist wer. Ist der „junge Mann" ein Vertreter der jungen Generation? Zum Teil ja, es gibt ganz nette, die stellen sich tatsächlich hinten an, wenn eine resolute ältere Dame sie dazu auffordert. Aber ist das generell so, vor allem in Bezug auf die, die lauthals Probleme machen? Wer stellt sich da wirklich hinten an? Nicht eher die, die die Macht und das Sagen haben? Da wird die Schule geschwänzt, was das Zeug hält. Den Eltern wird nicht etwa das Kindergeld gekürzt. Nein! „Na gut, dann kriegt ihr eben eine Extrawur…, Entschuldigung -schule, die euch gefällt!"

OFFEN ANGEWENDETE MACHT KANN NICHT SO LEICHT MISSBRAUCHT WERDEN. Viel schlimmer ist der verdeckte, subtile Einsatz von Macht, der bei uns zunimmt. Sein Kind entschlossen an den Schultern zu packen, wenn es sich gerade sehr daneben benommen hat, traut sich heute keiner mehr in der deutschen Öffentlichkeit, geschweige denn, ein Lehrer wagt es, einen Schüler „anzufassen".
Wir leben in einer fassungslosen Gesellschaft und das im doppelten Sinn, eigentlich sogar in einem dreifachen, denn ich kann es fast nicht fassen, dass es so ist (Sie auch?):

a) Es gibt keine klare Fassung, keinen klaren Rahmen für das Verhalten junger Menschen

und die kleinen Reste davon sollen dann

b) am besten nur geistig, mit ewigem Gerede, allein mit einer reinen, körperlosen Seele durchgesetzt werden.

Wer Gedankenübertragung schon einmal versucht hat, weiß, wie anstrengend das auf die Dauer wird. Keiner will mehr zugreifen, denn das ist hochriskant. Also werden die menschlichen Beziehungen distanzierter und abstrakter, jedenfalls in Deutschland.

Leider ist das z.B. auch bei der ersten Unfallhilfe so. Ich könnte ja was falsch machen, also bleibe ich lieber auf Distanz. (Das ist die tödliche Kehrseite eines überbordenden Misstrauens den Motiven von Menschen gegenüber, die wirklich helfen wollen, praktisch-körperlich, z.B. auch durch eine Mund-zu-Mund-Beatmung.)

Es war schon immer so: Geruchlose, nicht spürbare Gifte sind die gefährlichsten. Ich fürchte, das Sich-hilflos-Fühlen bei unlösbaren Erziehungsproblemen lässt einen Teil der verzweifelten Eltern und Lehrer auf eine stille Art nur umso böser werden. Deswegen müssen Eltern und Lehrer sich verstehen lernen, sich gegenseitig stärken und nicht bei Problemen mit den absurdesten Vorwürfen aufeinander losgehen. Das macht sie noch aggressiver und giftiger und darunter leiden letztendlich wieder die Kinder am meisten.

Dafür müssten Eltern vertrauen können, nicht nur dem ganz Eigenen, wozu die Kinder gehören, sondern auch dem – ziemlich – Fremden, ihren Lehrern. Natürlich wäre es gut, wenn sich auch die Eltern und die Lehrer vertraut werden, indem sich beide Seiten bei einem aktiven Schulleben kennen lernen.

Aber je älter Kinder werden und je mehr Fachunterricht sie haben, desto weniger wird dies generell gelingen können. Ich habe im vorigen Kapitel vorgeschlagen, dass wir uns in unserer Gesellschaft darauf einigen sollten, dass Kinder ab ca. drei Jahren bis zur Pubertät prinzipiell den Erwachsenen, die für sie Verantwortung tragen – Eltern, Erzieher, Lehrer –, zu gehorchen haben. (Ausnahmen gibt es dann von alleine noch genug.)

Im Interesse der guten Entwicklung der Kinder muss eine ähnliche Einstellung der Lösung von Konflikten zwischen Kindern und Lehrern zugrunde liegen. Ich weiß, auf den ersten Blick hört es sich viel moralischer an, zu sagen, das Erste und Wichtigste ist, dass Eltern wie ein Löwe für ihr Kind kämpfen, natürlich auch gegen seine Lehrer, wenn das nötig ist.

GRUNDSÄTZLICH ERST EINMAL DEM ERZIEHUNGSPARTNER RECHT GEBEN. Es sei denn, es ist sofort offensichtlich, dass er etwas Unrechtes tat, weil er das Kind z.B. absichtlich verletzt hat. In der Beziehung zu vertrauten, langjährigen Partnern und den Lehrern, ausgebildeten Pädagogen, sollte aber nach meiner Überzeugung gelten: „Kämpfe wie ein Löwe für dein Kind, aber tu das, indem du erst einmal und grundsätzlich dem Partner bzw. Lehrer recht gibst. Genau das braucht dein Kind für seinen erfolgreichen Lebensweg." Umgedreht gilt das auch: Wenn sich ein Kind über seine Eltern beim Lehrer oder bei einem Erzieher beschwert, bleiben die Pädagogen auf Seiten der Eltern, bis sie wissen, dass diese wirklich schwerwiegende Fehler begangen haben.
Bei kleineren Kindern kommt das so gut wie überhaupt nicht vor, weil es absolut ihrem Wesen widerspricht: Sie halten ihre Eltern, so problematisch diese auch sein sollten, mit ihrer jungen, gläubigen Seele für „Götter". Sie können nicht anders, denn aus ihnen sind sie gekommen und auf sie sind sie vollständig angewiesen. Insofern wäre es bei kleineren Kindern bis zum Grundschulalter sehr bedenklich, wenn sie ihre Eltern beschuldigen. Pädagogen sollten dem dann sofort nachgehen und prüfen, was daran ist.
Allerdings passieren Fehler bei der Erziehung sowieso und immer wieder wie in jeder Art emotional intensiver Beziehung. Und es kann schon ältere, von den unzähligen Verlockungen unserer Überflussgesellschaft irregeleitete Kinder geben, die glauben, gegenüber ihren Eltern Ansprüche mit Macht durchsetzen zu können, indem sie sich unter anderen Erwachsenen Verbündete suchen.
Das wäre eine schwere Entgleisung, denn Kinder behalten im Allgemeinen ihre Gewissheit aus ihren ersten Lebensjahren: Was auch passiert (ist), meine Mama, mein Papa haben mich lieb. Ich darf und will sie nicht der Kritik anderer Erwachsener ausliefern. Deshalb ist es oft im tieferen und eigentlichen Interesse der Kinder, wenn Lehrer und Pädagogen nicht ohne Not die Solidarität mit den Eltern aufgeben, sogar dann nicht, wenn ihre Kinder – oberflächlich – sehr wütend auf sie sind.
Zurück zur Gefahr, dass Eltern Lehrer beschuldigen könnten: Ich habe es als Vater so gemacht: Wenn mir einer meiner Söhne einen Eintrag oder

einen Tadel eines Lehrers vorgelegt hat, bin ich ganz ruhig geblieben und habe gefragt, wie das passieren konnte. Hat er nur von der Schuld aller anderen, einschließlich des Lehrers, erzählt, habe ich gesagt:
Denke in Ruhe über dein eigenes Verhalten nach und erkläre mir in einer halben Stunde, wie es nun wirklich dazu gekommen ist! Mach' dir am besten Stichpunkte dazu! Erzähle mir die ganze Geschichte, aber vergiss nicht, deinen Anteil daran zu erwähnen!

WAS WILLST DU DEN SPLITTER IM AUGE DEINES BRUDERS ENTFERNEN, BEMERKST DU DEN BALKEN IN DEINEM EIGENEN NICHT? (BERGPREDIGT).
Uns ungerecht behandelt zu fühlen und die Schuld beim anderen zu suchen – das können wir Menschen doch von alleine. Darin brauchen wir doch keinen zusätzlichen „Unterricht" durch unsere Eltern. In einem sind wir aber absolut auf eine gute Erziehung angewiesen: Im Erkennen der eigenen Anteile, die eine Konfliktsituation ausgelöst haben.* Wenn jeder Mensch darin geübt wäre, erst einmal vor der eigenen Haustür zu kehren, bevor er sich über den Dreck der anderen aufregt, wäre die Welt ein ganzes Stück sauberer.

* Die zweite der drei Grundregeln der Paulus-Schule Königswartha lautet: „Jeder sagt ehrlich und ruhig seine eigene Meinung und zeigt seine Gefühle. Das tun wir aber mit Kultur: Wir lassen den anderen ausreden. Wir halten inne und versetzen uns in seine Lage, bevor wir weiter die eigene Meinung sagen. Bei Konflikten sucht jeder zuerst nach seinem eigenen Anteil. Wenn es darauf ankommt, gehorchen die Kinder ihren Eltern und Lehrern."

Und wenn ein Mensch mit Bedacht die eigenen Schwächen genannt hat, was ihn mir schon ganz sympathisch machte und ich ihn am liebsten trösten und drücken würde, dann soll er selbstbewusst auch die Fehler der anderen nennen, aber nicht geifernd, mit dem Finger auf sie zeigend – dann zeigen nämlich drei Finger auf ihn selbst zurück –, sondern besonnen und ruhig.
Sicher, das ist ein Ideal, das Menschen überfordert, Kinder erst recht. Aber sie müssen ja wissen, wo die Reise hingehen soll, auch wenn sie erst am Anfang dieses Weges sind. Es ist wie beim gesunden Leben. Wer hält sich schon an all die Ratschläge zur Ernährung und täglichen Bewegung? Aber trotzdem sind sie wichtig, damit wir ein Ziel haben, das uns vor den Augen stehen kann.

ENTGEGENGEBRACHTES VERTRAUEN NICHT ENTTÄUSCHEN. Natürlich, auch Lehrer sind Menschen und machen Fehler, genau wie die Eltern. Jeder von beiden könnte dem anderen gegenüber aber viel leichter seine Fehler eingestehen, wenn er wüsste, dass ihm das Grundvertrauen des anderen sicher ist.
Vor Jahren schrieb mir eine Mutter: Ich habe der Lehrerin meiner Tochter in einem Brief mitgeteilt, dass ich mit dem Mädchen den Nachmittag vertrödelt habe und sie deshalb die Hausaufgaben nicht mehr schaffen konnte, diese aber auf jeden Fall zum nächsten Tag nachholen werde. Die Lehrerin hat daraufhin die Tochter und ihre Mutter vor der Klasse bloßgestellt. Das war sehr schade. Denn die Mutter war ehrlich. Sie hätte auch irgendwelche familiären Angelegenheiten vorschieben können. Ich wäre als Lehrer froh und dankbar über dieses Vertrauen gewesen und hätte das auf jeden Fall akzeptiert – nur wenn sich diese Vergesslichkeit in kurzen Abständen wiederholt, wäre das für mich zu einem Problem geworden.
Umgedreht nehmen leider die Fälle zu (nicht in Königswartha), wo Eltern jede kritische Distanz zu den Erzählungen ihrer Kinder fehlt – eine Folge ihrer symbiotischen Verschmelzung mit ihnen – und sie Wort für Wort glauben, was diese berichteten und dann wutschnaubend in die Schule stürmen und Lehrer oder Mitschüler ihrer Kinder lautstark beschimpfen. So entstehen im Leben tragische Kettenreaktionen der Vorverurteilung und der Gewalt. Auch wenn die Lehrer sich vornehmen, ihren Ärger über solche Eltern deren Kinder nicht spüren zu lassen, können sie das in angespannten emotionalen Situationen dann oft nicht ganz vermeiden und es kommt zum nächsten Aufruhr.

GERADE, WENN ES STRESSIG WIRD, IST RUHE GEFRAGT. Kinder müssen über die Jahre lernen: Gerade, wenn es Stress gibt, treten wir einen Schritt zurück und sondieren erst einmal in Ruhe die Umstände. Menschliche Reife zeigt sich darin, nicht unmittelbar reagieren zu müssen und sich nicht von einem emotionalen Sog mitreißen zu lassen. Wie oft sind wir überzeugt, dass etwas nur so gewesen sein kann und bei einer genaueren Prüfung merken wir, es war alles ganz anders (gemeint).
Wenn in der Schule Lehrer existentielle Angst haben (Kann ich meine Würde bewahren? Erkennen mich die Schüler halbwegs an?), werden auch viele Schüler mit in diesen Sog der Verunsicherung gezogen, am meisten die, die ihren hilflosen Lehrern ähneln.

Nur eine ruhige Ordnung der Liebe, praktisch gestützt durch Umgangsformen und Rituale („Struktur"), egal ob sie alle Schüler und Lehrer einsehen oder nicht, kann da helfen, und zwar doppelt:

a) Die Ängstlichen zu ermutigen, sich füreinander zu öffnen, sich zu verstehen und sich gegenseitig zu stärken.
b) Die zu Mutigen und „Wilden" zu bremsen, in der Spur der guten Ordnung zu bleiben: Ich bin ein Schüler und mein Lehrer ist im Unterricht der Boss. Oder: Ich bin ein Junge, ich verhalte mich den Mädchen gegenüber wie ein Kavalier. Oder: Ich bin ein Mädchen, ich freue mich über das gute Benehmen der Jungen mir gegenüber, aber ich nutze es nicht aus und kratze und kneife sie nicht heimlich.

Bleibt jeder anstatt dessen sich selbst überlassen, angefangen die Lehrer unter sich, geht es nur noch um persönliche Eitelkeiten, Ängste und Egoismen. Das ist im Chaos immer so. Die Moral hört auf und es gilt nur noch: „Jeder rette sich selbst, wenn er kann!"

KINDER BRAUCHEN AUCH LEIDENSCHAFTLICHE ELTERN. Es ist auf eine tragische Weise komisch, Eltern zu beobachten, die sich in der Öffentlichkeit mit ihren Kindern auseinandersetzen müssen. Mit jedem Meter, den ich als Zeuge näher komme, nimmt der Gebrauch des Wortes „bitte" zu. „Kommst du jetzt bitte endlich?" Diese Verklausulierungen und Pirouetten des „demokratischen" Sprachgebrauchs westlicher Neuzeit sind lächerlich. Sie streben nach einer vermeintlich guten Mitte.

Wenn Eltern richtig wütend sind, dann sollten sie sich auch so ausdrücken. Sonst kommt es zu Kommunikationsstörungen, weil das Wort „bitte" und die Frageform des Satzes einfach nicht zur wild-entschlossenen Satzmelodie und zu den vor Wut funkelnden Augen der Eltern passen. Viel besser wäre: „Du kommst jetzt her, sofort!!" Oder sie sagen gar nichts, nachdem die Situation schon eskaliert ist und schnappen sich einfach ihr Kind.

Kinder wollen Eltern, die ganz, einhundertprozentig, für sie da sind. Deswegen provozieren sie Situationen, in denen sie leidenschaftliche Gefühle ihrer Eltern und sei es die der Wut und Verzweiflung „abfassen" können, damit sie merken: Ich bin meinen Eltern wichtig. Daraus lässt sich zweierlei schlussfolgern:

Erstens: Ein berechtigter Wutausbruch ist gar nicht schlimm, wenn er eine Ausnahme bleibt und die Kinder genau wissen, er geht vorbei und danach ist wieder klares, schönes „Wetter". Zweitens und das ist noch

wichtiger: Die Eltern sollten ihren Kindern starke Gefühle, bei denen sie ganz und gar für sie da sind, öfter einmal freiwillig und im positiven Sinn gönnen, beim gemeinsamen Spielen zum Beispiel, beim gemeinsamen Innehalten im Urlaub oder nach einem traurigen Film.
Das gilt im übertragenen und etwas abgemilderten Sinn auch für Lehrer und andere Pädagogen. Wenn da mal einer richtig ausflippt – nicht zu oft –, spüren die Kinder, wie wichtig sie ihrem Lehrer sind, und dass er seinen Dienst nicht einfach nach Vorschrift mit dem geringstmöglichen Aufwand ableistet.

ABER: LEHRER ARBEITEN UND KÄMPFEN AM LIMIT. Dies ist ein Phänomen der Neuzeit. Den Lehrern fehlt der Rückhalt durch die Gesellschaft, insbesondere durch ihre Schulbehörden. Da werden sie sicherheitshalber mehr und mehr zu Menschen ohne persönliche Eigenschaften. Das macht sie unangreifbarer, schwächt aber auch ihre erzieherische Wirkung, so dass sich wilde Jungen freiwillig zur Bundeswehr melden in der Hoffnung, dort noch ein bisschen Disziplin zu lernen.
Einen Drei-Fronten-Krieg mit a) unerzogenen Schülern – und da reichen schon zwei, drei in der Klasse –, b) deren Eltern, die ihre Kinder einfach nur für aufgeweckt und selbstbewusst halten oder für hochbegabt und/ oder krank, und c) auch noch den Schulbehörden, hält kein Pädagoge auf Dauer durch. Die Behörden gehen in unserer politisch korrekten Gesellschaft zu oft auf „Nummer Sicher“, sie entscheiden sich für den Weg mit den geringsten Problemen, für die angeblich Schwachen, die „armen Kinder“, und gegen die Lehrer, die unfähig seien, auf ihre individuellen Besonderheiten einzugehen. Das verbittert die Lehrer, denn von ihnen wird Unmögliches verlangt, und wer verbittert ist, macht natürlich entschieden mehr Fehler als ein glücklicher oder wenigstens zufriedener Mensch. Es gibt also durchaus einschneidenden Ärger, wenn sich Rüpel nicht benehmen können, aber mehr für die, die sich dagegen auflehnen und für unschuldige Dritte als für die Übeltäter selbst.
Kirsten Heisig hat in ihrem Buch „Das Ende der Geduld“ diese Feigheit der zuständigen staatlichen Stellen beeindruckend beschrieben. Hier muss unsere Gesellschaft endlich radikal umdenken. Wir brauchen darüber eine gesamtgesellschaftliche Verständigung.
Zusammengehörigkeit und Solidarität müssen zunächst die Lehrer untereinander vorleben als Vorbild für alle anderen Beziehungen in der Schule.

Sie sollten mit der gemeinsam verbindenden Autorität ihres Berufs auftreten, zuerst also als Kollegen und erst danach als Herr Müller oder Frau Maier. Die altertümliche Bezeichnung „Frau Lehrerin“ oder „Herr Lehrer“ zeigt etwas davon, wobei ich durchaus dafür bin, dass auf dieser Grundlage dann das Persönliche dazu kommen kann und soll.

JEDER, DER GUT „LIEB SEIN" WILL, BRAUCHT SICHERHEIT. Viele glauben bei uns, Eltern und sogar die Lehrer selbst, dass Lehrer sich ihre Autorität an jedem Tag neu durch didaktische Bravourleistungen verdienen müssen. Ich bin überzeugt, umgedreht wird ein Schuh daraus: Gerade die einfühlsamsten und sensibelsten unter den Lehrern können ihre besonderen Fähigkeiten nur aus einer Position der Sicherheit heraus entfalten („Amtsautorität“). Stehen sie mit dem Rücken an der Wand, müssen sie sich aus Angst abschotten, können sie weder sich öffnen noch ihren Unterricht.
Treffen Lehrer auf eine Schüler- und Elternmentalität, es den „Königen dieser Welt“, den Kindern, bei Problemen Recht machen zu müssen, verhärten und verschließen sie sich entweder und machen nun den Schülern ihrerseits Angst, wenn sie stark genug dafür sind, oder sie resignieren und versuchen, sich den Schülern anzupassen.
In beiden Fällen können sich die Schüler nicht gut entwickeln; sie brauchen dazu ein sowohl starkes und konsequentes als auch freundliches und einfühlsames Erwachsenenprofil, an dem sie sich reiben und mit dem sie sich auseinandersetzen können, wenn nötig, hart in der Sache, aber keiner von beiden, weder Schüler noch Lehrer, darf Angst haben müssen vor einer grundsätzlichen Abwertung seiner Persönlichkeit.
Das muss Schule sichern können als Modell einer Gesellschaft, die auch später und insgesamt entschlossen und mit aller nötigen Konsequenz die schützen wird, die es brauchen, nämlich die Leisen und die Schüchternen seiner Bürger. Wir wissen alle, dass das bei weitem nicht so ist, sondern viel mehr der Grundsatz gilt: „Frechheit siegt!“ Irgendwie gehört das zu einer freien Gesellschaft. Wenn es aber überhand nimmt, kommen wir in einer Diktatur der Lauten und Starken an und bei der Selbstjustiz aus purer Verzweiflung.
Kinder, die nicht da abgeholt werden, wo sie in der Lebensordnung stehen, nämlich als führungsbedürftige Nachfolger der Erwachsenen, sind natürlich sowieso nur dem Anschein nach Könige, in Wirklichkeit sind sie hilflose, allein gelassene, überforderte und verunsicherte Gefolgsleute, denen

gerade das verweigert wird, was sie auf diesem, ihrem (Entwicklungs-) Stand am meisten bräuchten, nämlich Liebe und Führung.
Machtmissbrauch kann man unter Menschen, schon gar nicht unter Lebensanfängern, also nicht mit dem Verzicht auf die Macht, sondern im Gegenteil nur mit ihrem vernünftigen und klugen Gebrauch begegnen. Täten wir das Erstere, wäre es so, als wenn wir wegen Liebeskummer, und es gibt ja auch tödlichen Liebeskummer, das Lieben überhaupt abschaffen wollten. Und auch bei der Gesundheit ist es so: Die beste Vorbeugung gegen Krankheitserreger ist nicht der steril desinfizierte Raum, der ja sowieso nicht möglich ist, sondern die dosierte, kontrollierte Konfrontation mit den Krankheitserregern.

Das 12. Gesetz: Elterliche Strafen können juristische verhindern

*Einflügige Vögel machen vielleicht noch große Sprünge, aber was ist das gegen den freien Flug?**

Es gibt Kinder, bei denen sind Strafen fast nie nötig. Sie sind so sensibel, dass schon ein trauriger Blick ihrer Eltern oder Lehrer reicht, und sie lassen ein falsches Verhalten. Aber bei manchen können Sie lange traurig gucken, stumm, um den ganzen Tisch herum.
Auch Eltern, die mit ihren Kindern von Anfang an das richtige Verhalten trainiert haben, die „hohe Kunst" zum Beispiel, warten zu können und einem anderen Vortritt (Vorfahrt) zu lassen, brauchen kaum Strafen in dem Sinne. Da reicht ein Hinweis; höchstens ist noch die Wiederholung der Übung im gleichen Moment als logische Folge nötig: Du hast es nicht gekonnt, also versuchen wir das gleich noch einmal: Geh' wieder raus, komm' wieder rein und sage diesmal freundlich „Guten Tag". Das ist keine Strafe, das soll und kann ganz freundlich, vielleicht auch mit ein wenig Humor praktiziert werden.
Das Gleiche gilt für die einfache Wiedergutmachung, sie ist keine spezielle pädagogische Maßnahme, sondern absolut selbstverständlich. Das ist zum Beispiel so, wenn Kinder Sitze oder Tische säubern, die sie verschmutzten. Wir machen alle Fehler. Bereinigen wir sie – zuweilen im direkten Sinne des Wortes – und lernen daraus, ist es wieder gut.

ERMAHNEN – TADELN – STRAFEN. Was sind eigentlich Strafen? Wie unterscheiden sie sich vom Ermahnen und Tadeln? Das Gemeinsame ist, dass sie ein Verhalten kritisieren und es als nicht akzeptabel zurückweisen. Solche Rückmeldungen brauchen wir alle, vor allem dann, wenn wir am Anfang unseres Lebensweges sind. Von wem sollen wir denn wissen, dass wir abkommen vom guten, richtigen Weg, wenn es uns keiner sagt? Das macht doch z.B. auch eine wirklich gute Freundschaft aus. Ich lasse dich, mein Freund, nicht abirren und schaue in einer Mischung aus Mitgefühl und Häme tatenlos zu, wie du immer weiter abdriftest. Ich sage dir klar, was du selbst nicht (mehr) siehst: Dieser, dein Weg führt in den Ab-

* Wie ich das meine? Siehe Ende des Kapitels.

grund! Bleib’ stehen! Sieh’ dich um! Dreh’ dich um! Und geh’ langsam wieder zurück! Hier bin ich. Hierher zu mir!

Es ist viel schwerer, falsche Gewohnheiten wieder zu „löschen“, als konsequent von vornherein das Richtige so lange zu hegen und zu pflegen, bis es zum Selbstläufer geworden ist. Im ersten Fall muss das, was falsch gewachsen ist, gebrochen werden. Das tut weh und geschieht pädagogisch und juristisch durch Strafen.

In den meisten Fällen werden also Menschen dafür bestraft, dass sie früher, als dafür ihre Seele reif war wie ein Beet zur Saatzeit, nicht lange und nicht sicher genug das richtige Verhalten lernen durften.

Nehmen wir den Diebstahl. Gute Eltern hören nicht auf, ihren Kindern im Alltag bewusst zu machen, dass ihnen zehnmal etwas wunderbar gefallen kann, sie dürfen es sich trotzdem nicht nehmen, wenn es ihnen nicht gehört. Das tun sie so lange, bis die Kinder die elterliche Stimme zu ihrer eigenen Gewissensstimme verinnerlicht haben. Ein guter Trainigsparcours dafür sind die Süßwarenständer an den Kaufhallenkassen, auch dafür, Versuchungen generell zu widerstehen. Ich fände es schade, wenn sie entfernt werden würden.

Die Kinder werden noch vielen Versuchungen ausgesetzt sein. Wenn ein Jugendlicher z. B. ein unangeschlossenes Fahrrad sieht, und jahrelang gelernt hat, dass man nicht einfach etwas nehmen kann, hat er jetzt gute Chancen, nicht kriminell zu werden.

Und die Ausnahme gehört wie immer dazu, denn das Leben ist nicht geradlinig. Natürlich können Eltern aus ihrer Intuition heraus sagen, ohne dass es irgendeinen besonderen Grund dafür gibt: Nimm dir ein Überraschungsei mit. Dann wird es seinem Namen doppelt gerecht: Die Kinder sind jetzt schon freudig überrascht, dass sie eins mitnehmen dürfen und dann noch einmal, wenn sie sein Innenleben entdecken. Sie sollten dies nur nie tun als Antwort auf diesbezügliche Quengeleien des Kindes. Dann würde es genau das Verkehrte lernen: Quengeln lohnt sich. Nein! Einfach so, weil die Welt schön ist und das Kind freundlich und lieb, weit davon entfernt, sich mit Jammern einen „Preis“ zu erkämpfen.

Es ist überhaupt so, dass wir uns nicht zum Sklaven unserer eigenen Regeln machen dürfen. Die Regeln sind für den Menschen da und nicht umgedreht. Wir beherrschen sie und sie nicht uns. Das ist genauso wie beim kultivierten Genuss von Alkohol-, Nikotin- oder Süßigkeiten. Und ab und zu dürfen wir ihnen ein Schnippchen schlagen, weil wir mutig sind und stark, nicht ängstlich bibbernd zu den Versuchungen schauen, sondern diese „schauten“ so hin zu uns, wenn sie es könnten: Bitte nimm mich doch, nur dieses eine Mal!

Kinder müssen rechtzeitig und lange genug lernen, dass sie „attraktive Objekte“ nicht unbedingt und in jedem Fall sofort bekommen können, sowie sie sie begehren. Das gilt ja nicht nur für Schokoriegel und schicke Fahrräder, sondern auch für Menschen, für attraktive Jungen oder Mädchen. Haben Kinder immer alles bekommen, was ihnen gefiel, zumindest einen Ersatz, haben sie es jetzt schwer. Wie sollen sie verkraften, dass ein Mensch ihrer Sehnsucht oder Begierde einfach Nein sagt? Damit können sie nicht umgehen und es entsteht eine reale Gefahr, dass sie sich mit Gewalt holen wollen, was sie glauben, ihnen – wie immer – zusteht.

Mich regt dann „psychologisches Verständnis“ – was etwas ganz anderes ist als „verstehen und trotzdem strafen“ (8. Gesetz) – für kriminelles Handeln auf. Die Eltern und Kinder, die die Zeit nutzten, um das richtige Verhalten zu lehren und zu lernen, werden so verhöhnt: Selbst Schuld, wenn du so blöd warst, hättest du dir auch einfach nehmen können – der Staat toleriert das ja sowieso wie z.B. auch die „Vergewaltigung“ weißer Hauswände durch das Geschmiere persönlicher Wichtigtuerei. Die Gemeinschaft hat sich selbst vergessen und ihre Weisheit: „Nur Narrenhände beschmieren Tisch und Wände“.

„Jugendliche haben nun mal kreative Bedürfnisse“ – Leute, die das sagen, sollten ihre Körper den „Kidies“ für Zwangstätowierungen zur Verfügung stellen. Jugendliche haben nun mal das Recht, konsequent erzogen worden zu sein und z. T. noch zu werden. Leider können sie es nicht einklagen, wenn sie dann mit dem nötigen Abstand verstanden haben, wie gut das für sie gewesen wäre.

Strafen sind die Zurückweisungen eines falschen Verhaltens, die nicht nur verbal oder symbolisch wie beim Ermahnen oder Tadeln erfolgen, sondern mit einem konkreten praktischen Nachteil für den Bestraften verbunden sind, mit einem Entzug (Freizeitentzug: Arrest) bzw. einem Verbot (Fernseh- oder Playstationverbot) oder einem Gebot (Strafarbeiten, z.B. schriftliche Stellungnahmen zu einem Verhalten, Regeln abschreiben, die Säuberung verschmutzter Räume oder Möbel über die reine Wiedergutmachung hinaus).

Da die wenigsten Kinder von vornherein alles richtig gelernt haben oder besonders sensibel sind, kommen wir in den Niederungen der pädagogi-

schen Ebene nicht ohne Strafen aus. Viele Erziehende haben ein ungutes Gefühl dabei. Deswegen strafen sie unentschlossen und halb.
Dann sollten sie es lieber ganz lassen, denn das bestärkt das falsche Verhalten noch, weil alles, wofür Menschen, besonders junge, Aufmerksamkeit erhalten, danach drängt, wieder getan zu werden. Wir alle wollen bemerkt werden, wichtig sein für die anderen, mehr sein als ein „Nichts". Also muss der Nachteil einer Strafe, wenn sie wirken soll, deutlich größer sein als der Aufmerksamkcitsgewinn es ist, jetzt im Mittelpunkt des Geschehens zu stehen, wenn auch auf negative Weise. (Das ähnelt dem, was Promis zu verkünden wissen: Hauptsache, ich bin überhaupt in den Medien, egal warum, abgesehen von den wenigen Tabus, die in unserer Zeit geblieben sind: Sexueller Missbrauch und rechtsextreme Gesinnung.)
Deswegen sollten Eltern eine Strafe nie unüberlegt aus der Wut heraus aussprechen, sondern erst mit dem Partner zusammen – oder zumindest mit sich selbst – beraten, welche gerecht ist, durchhaltbar und wirksam.

KLEINLICH SEIN, UM GROSSZÜGIGKEIT ZU ERMÖGLICHEN. Eltern müssen ihre Kinder noch viel mehr korrigieren als Freunde dies miteinander tun – wie ein Autofahrer, der ständig mit kleinen Lenkkorrekturen Kurs hält – und sie tun das auch, mit Blicken und Gesten, ganz nebenbei. Die pädagogische Meisterschaft besteht darin, an den Stellen, die wirklich wichtig sind – z.B. beim gemeinsamen Abendessen – in gewisser Weise sogar „kleinlich" zu sein, um dadurch dann eine spätere Großzügigkeit zu ermöglichen.
Gut, wichtiger noch als die Kritik ist die Bestärkung: Ja! Da geht's lang! Gut gemacht! Das ist das positive Führen, es ist wichtiger als das negative Grenzen setzen. Aber Plus und Minus gehören zusammen in diesem Leben wie Tag und Nacht, spitz und rund, warm und kalt usw. usf.
Die Realität ist eine andere: Es wird weder genug das Richtige und Gute bemerkt und (an)erkannt noch das Falsche, schon wenn es sich auszubilden beginnt, konsequent genug bekämpft. Dabei ist das wie bei Krankheiten, rechtzeitig erkannt und gegengesteuert sind die Heilungschancen viel höher, als wenn wir die Symptome lange Zeit ignorieren.
Das Kind ist z.B. beim Essen wieder unerlaubt vom Tisch aufgestanden. Die Eltern wollen jetzt keinen Stress, sie brauchen auch mal ihre Ruhe zum Feierabend, also übersehen sie das großzügig. Damit organisieren sie sich und dem Kind erst recht Stress – zum Quadrat – in der Zukunft.

Noch ist das weit weg, und es ist ja so angenehm, großzügig zu sein, aber leider haben solche Eltern die Lebensweisheit verdrängt, dass alles, was edel und wertvoll ist, selten leicht zugänglich und auf Anhieb zu haben ist. Es muss erarbeitet und aufgebaut werden, bevor wir es genießen können. Eine Art „Ansparphase" an Ungroßzügigkeit bei Kleinigkeiten ist nötig, damit dann daraus Großzügigkeit an den wichtigen und entscheidenden Stellen des Miteinanders werden kann:
Haben es die Eltern durch „kleinliche Konsequenz" z.B. geschafft, dass ihre Kinder im Kindergarten- und Schulalter mit der größten Selbstverständlichkeit, sozusagen automatisch, zum gemeinsamen Abendessen kommen und dort sitzen bleiben, bis sie aufstehen dürfen, können sie nun locker und richtig großzügig mit ihren Kindern plaudern über das, was der Tag ihnen allen, Eltern und Kindern, brachte. Selbstverständlich helfen auch die Kinder reihum mit, zumindest mit Tischdecken. Wenn sie größer sind, können sie die Familie auch mit ihren Spezialitäten kalter oder warmer Küche überraschen. Und natürlich fängt keiner an zu essen vor dem Gebet oder dem „guten Appetit".
Verstehen Sie, was ich meine, dass das eine – Kleinlichkeit und Konsequenz – Voraussetzung für das andere ist – Großzügigkeit und Lockerheit? Entspannt kann nur der sein, der sich sicher fühlt, und nicht der, der fortwährend auf der Hut sein muss, ob das Arrangement auch hält.

ERZIEHEN GEHT NICHT OHNE KAMPF – ERZIEHENDE SOLLTEN SICH VORHER EINEN GUTEN PLAN ÜBERLEGEN. Es ist ganz normal, dass sich Menschen im Alltag freundlich auf das hinweisen, was sie am Verhalten anderer stört. Das muss mehrere Male vor der Strafe passieren. Erwachsene werden z.B. zueinander sagen: „Können Sie das Radio bitte ein wenig leiser stellen?", bevor sie entnervt dann irgendwann doch die Polizei rufen oder dem Vermieter mit einer Mietminderung drohen.
Auch fast alle Lehrer ermahnen ihre Schüler viele Male freundlich, bevor ihnen der Geduldsfaden reißt. Ein störendes Verhalten ist ja oft gar kein böser Wille, sondern demjenigen in dem Moment gar nicht bewusst. Wenn Schüler z.B. schmieren – eine Folge davon, dass sich Eltern und Lehrer in früheren Jahren damit abgefunden hatten –, habe ich oft gesagt, das kann ich fast nicht lesen, schreib die letzten zwei, drei, vier Zeilen noch einmal, richtig ordentlich. Das ist keine Strafe, sondern eine Übung mit Augenmaß, um die Schüler nicht zu überfordern.

Einerseits ist ewige Geduld nötig, solange sich Schüler bemühen und einen guten Willen haben, andererseits hätte ich wahrscheinlich eher „böse" werden müssen, denn Menschen nutzen natürlich die Geduld aus – wir alle wollen mit so wenig Anstrengung wie möglich durchs Leben kommen.
Sicher gibt es Kinder, die von Natur aus eine krakeligere Schrift haben als andere. In all diesen Fällen fiel mir aber auf, dass sie schneller schreiben als die mit der ordentlicheren Schrift. Also: Schreib langsam und ruhig! Mach Pausen zwischendurch! Das ist nicht zu viel verlangt. Das Problem ist nur, dass sie schon viel zu lange mit dieser Schlampigkeit durchgekommen sind. Die Frage ist jetzt: Wer hat den längeren Atem: Das Kind, das seinen Lehrern und Eltern beweisen will: Es geht eben nicht besser, lasst mich also in Ruhe! Oder die Eltern und Lehrer: Es geht besser! Warum hast du wieder nicht mit dem Lineal unterstrichen, warum über den Rand geschrieben? Noch einmal!
Ich weiß, das ist ein erbitterter Kampf. Dazu gehört ein „Schlachtplan". Die Eltern und Lehrer können und sollen ruhig darüber mit dem Kind reden, am besten in einer feierlichen Runde vor Beginn der „Schlacht" alle – Eltern, Lehrer und Kind – miteinander: Wir nehmen jetzt noch einmal alle unsere Kräfte zusammen. Das und das kannst und musst du schaffen, sonst bleibt es dabei, dass du dir für dein ganzes Leben etwas Verkehrtes angewöhnt hast. Damit finden wir uns nicht ab.
Wir erklären dir noch einmal in Ruhe, warum eine gute Ordnung beim Schreiben so wichtig ist: Deine Aufzeichnungen sind ganz unübersichtlich, du kannst viel schlechter nachvollziehen, was wir im Unterricht gemacht haben, wenn das alles durcheinander geht, kreuz und quer ohne unterstrichene Überschriften, ohne Rand, ohne Datum.
Dann ist dein Denken genauso kreuz und quer. Außerdem bemerkst du bei dem Geschmiere deine eigenen Fehler gar nicht. Du musst langsamer und deutlicher schreiben, um Schönheit geht es nicht, sondern um Übersichtlichkeit und Ordnung. Wir achten am Anfang besonders auf Folgendes:

- mit dem Lineal unter- und durchstreichen
- Rand einhalten
- auf den Zeilen bleiben
- das Datum hinschreiben
- verbesserte Worte ordentlich nummeriert unter den Text schreiben

Deine Mutter und ich, wir ziehen an einem Strang und wir sind uns ganz einig. Deshalb teilen wir uns auch die Kontrolle. Die Mutter: An jedem Dienstagnachmittag legst du mir drei Hefter vor, die ich bestimme. Sind sie in Ordnung, kriegst du einen Pluspunkt und nach zehnen darfst du dir etwas wünschen, was du mit mir zusammen unternehmen willst (Kino, Spaßbad, Eisessen …).
Wenn nicht, schreibst du neu, was schlecht ist in Bezug auf die genannten Punkte und wenn es so viel ist, dass du bis zu deiner Lieblingssendung nicht fertig wirst, ist das dein Problem. Hier geht die Übung in die Strafe über, und das Kind entscheidet selbst, ob es dazu kommt.

DAS GANZE LEBEN IST EINE EINZIGE ERPRESSUNG. Wer Probleme hat mit „Erpressung", der bedenke Folgendes: Ist das ganze Leben nicht eine einzige Erpressung? Wenn du dich nicht gesund ernährst und genug bewegst, wirst du krank. Wenn du nicht aufpasst beim Über-die-Straße-Gehen, wirst du überfahren. Wenn du nicht rechtzeitig ins Bett gehst, bist du morgen unkonzentriert.
Wenn du nicht gut genug trainiert hast, schaffst du die Klimmzüge nie. Wenn du den Antrag nicht rechtzeitig abgibst, ist das Geld futsch, gnadenlos. Usw. usf. Nur in einer einzigen Hinsicht dürfen elterliche Personen die Kinder nicht erpressen: Wenn du das nicht machst, hab' ich dich nicht mehr lieb, bist du nicht mehr mein Kind. Nein! Du wirst meine Liebe nicht los, für immer!
Aber gerade deswegen – weil ich dich nicht als Mensch und Person erpresse – tue ich es mit deinem konkreten Handeln: Wenn du nicht das gemacht hast, darfst du das nicht.* Einer erpresst immer in engen menschlichen Beziehungen. Wenn sich die Eltern zu fein dafür sind, dass auf eine kontrollierte und bewusste Weise zu tun, machen es die Kinder mit ihnen, ganz spontan und sie sind Meister darin.

* Michael Winterhoff weist das strikt zurück. Da sehen Sie, liebe Eltern, Sie müssen selbst denken, Sie können sich nicht auf irgendwelche Autoritäten verlassen.

Das Kind zieht eine Schnute vor der Kaufhalle. Es will partout nicht mit ins Auto kommen. Seine Waffen sind geladen und entsichert. Es ist zum lauten Jammergeschrei bereit, sagt aber „gnädig" noch: Erst muss der Papa weg sein! Und – ich fasse es nicht – dieser verschwindet tatsächlich

aus dem kindlichen Blickfeld. Damit bereitet er den Boden für eine nächste, noch unverschämtere Forderung seines Kindes.
Ich hätte mir den „Burschen“ geschnappt als Vater, er hätte ein Riesengeschrei begonnen, Umstehende das Sondereinsatzkommando informiert, egal: Ich bin dein Vater und das machst du nicht mit mir! (Denn: Du entwertest dich selbst damit, mein Kind, du kannst nur so selbstbewusst, so stark sein, wie deine Eltern es sind.) Im Auto hätte ich dich nicht allein gelassen in deiner Wut und Not, sondern dich gehalten.
Vielleicht hätte ich dir dabei gesagt, obwohl du es intellektuell nicht verstehen kannst, aber die „Musik“, meine beruhigende Stimme, macht den Ton: Ich bin ja selbst Schuld, mein Sohn. Zu oft habe ich dir das Gefühl gegeben, dass du allein für deine Sicherheit sorgen musst. Deshalb brauchtest du immer absurdere Beweise deiner eigenen Herrschaft. Aber jetzt ist Schluss damit, mein Kleiner, du kannst dich auf mich verlassen.
Entscheidend ist, dass die Erziehenden in der Offensive sind bzw. dass das Kind genau weiß, sie könnten in der Offensive sein, wenn sie selbst es nur wollten. Dann ist eine freiwillige Zurückhaltung besonders wirksam, wenn alle ahnungsvoll wissen, sie ist nicht alternativlos. Wer die Verantwortung hat – z.B. als Autofahrer – muss das selbstverständliche Recht haben, zu lenken, Gas zu geben und zu bremsen. Das meine ich mit Offensive: Nur was eine Dynamik hat, lässt sich steuern. Ein Auto, das steht, ist nicht mehr als eine Blechkiste. Familien, in denen die Eltern nicht „Gas geben“, lenken und bremsen, sind nur eine chaotische Gruppe von Menschen, mehr nicht.
Ich war beim „Schmieren“ an der Stelle stehen geblieben, wo die Übung zur Strafe wird: Wenn du nicht achtsam bist, wenn du denkst, nicht ernst nehmen zu müssen, was wir vereinbart haben, dann hast du den Schaden: Du holst das Versäumte nach! Deine Lieblingssendung ist für heute gestrichen, denn du brauchst Ruhe, sonst verkrampfst du! Das müssen die Eltern mit stoischer Ruhe durchstehen, egal, welch bitterliches Geschrei jetzt beginnt.
Intuitiv zu entscheiden, heißt auch hier Ausnahmen zuzulassen: Wenn das Kind unter Tränen schwört, dass es jetzt sofort gut anfängt mit den Nacharbeiten und sie nach der Lieblingssendung bis zu einem guten Ende fortsetzt, dann könnten Eltern das auch einmal darauf ankommen lassen: Mal sehen, ob es wirklich klappt. „Aber wenn nicht, mein Kind, dann merken wir uns das beide ganz genau fürs nächste Mal.“

UND WENN DAS KIND SCHREIT: „ICH HASSE DICH!", ist daran trotzdem etwas Gutes: Da kommt Intensives in Gang. Es ist ein Aufbäumen, starke, leidenschaftliche Gefühle kommen an die Oberfläche, reißen Rückstände anderer Enttäuschungen, die vielleicht mit den Eltern gar nichts zu tun haben und sich trotzdem tief in der kindlichen Seele festgesetzt hatten, mit nach oben.

Das Lebenswasser wird aufgewirbelt, mit dem „Sauerstoff" starker Gefühle angereichert. Der Acker wird gepflügt, die Lebenskarten werden neu gemischt – das ist allemal besser, als ein laues Vor-sich-her-Dösen am Fernsehgerät bei gleichbleibend warmer Zimmertemperatur. Bitte, liebe Eltern, konsequent sein heißt nicht, dass Sie böse und ungerührt Vor-sich-hin-Gucken, wenn das Kind einen solchen emotionalen Aufstand macht. Nehmen Sie es in die Arme, verstehen Sie es, und beweisen Sie ihm das mit ihren Worten, aber es bleibt dabei, an der Konsequenz des konkreten Handelns ändert sich gar nichts. Gerade diese Zweischienigkeit braucht das Kind dringend:

1. Ich hab' dich lieb und ich verstehe dich!
2. Du schreist mir die konkrete Forderung nicht weg. Es bleibt dabei. Aber du darfst dich vorher in meinen Armen beruhigen.

Das gilt bei „emotionalen Aufständen" aller Art, zum Beispiel auch, wenn das Kind einen Wutanfall in der Kaufhalle bekommt, weil ihm die Mutter etwas, was es so sehr möchte, nicht kauft. Auch jetzt ist es ganz wichtig, diesen Spagat hinzukriegen:

Erstens: Ich begleite dich in deiner verzweifelten Wut, ich verstehe dich, ich nehme dich an. (Ich bin auch stolz darauf, mein Sohn, meine Tochter, wie leidenschaftlich du kämpfst. Ich möchte gar kein Kind, dass sich einfach so abfindet und sagt: Na gut, dann eben nicht.) Ein kleines Kind kann dabei auf den Arm genommen werden. Es wird sich nicht „Auf-den-Arm-genommen" fühlen, wenn sie ihm vor allem körpersprachlich zeigen, mit Ihrer Mimik und Gestik, dass Sie mit ihm mitleiden und sich trotzdem Ihrer Entscheidung sicher sind. Ein größeres Kind können Sie an den Schultern fassen.

„Ich verstehe, wie sehr du das willst. Aber ich kann es dir jetzt nicht einfach so kaufen, ohne jeden Grund. Ich will das auch nicht. Aber wenn du möchtest, merke ich mir genau dieses blaue Auto oder was immer es auch ist. Es kommt bestimmt bald eine Gelegenheit. Da bin ich ganz sicher. Du weißt ja, hier habe ich mein kleines Büchlein, da schreibe ich deinen

Wunsch rein, damit ich ihn nicht vergesse." Viel wichtiger als diese Worte selbst sind der Klang Ihrer Stimme und die Art, wie Sie ihr Kind dabei ansehen: Beides – das Sprechen und Schauen – sowohl liebevoll mütterlich, väterlich als auch stark und sicher.

Trotz alledem, trotz Ihrer Bereitschaft, Ihr Kind zu verstehen und es durch das Tal seines großen Kummers zu begleiten, indem sie ihm z.B. auch liebevoll mit einem Taschentuch die Tränen abwischen und fast mitschluchzen, kann es leicht sein, dass es sich nicht „einkriegt". Dann hilft alles nichts. Dann müssen Sie mit ihm die Kaufhalle schleunigst verlassen: „Ich lasse mich von dir nicht erpressen, dann können wir all die schönen Sachen, die ich gerade eingekauft habe, heute Abend nicht essen." (Im Stillen können Sie sich grimmig denken: Wenn hier einer erpresst, dann bin ich das!)

Das ist *zweitens:* So lieb einfühlsam ich auch bin, ich bleibe konsequent. Ich bin der Boss, nicht das Kind!

Alles – oder zumindest fast alles – hat auch seine guten Seiten: Wenn wir in Krisensituationen aufgeregt sind, ist unsere Seele sozusagen „aufgerissen". Was jetzt geschieht – und auch die innere Quintessenz dessen – merken wir uns viel besser als das, was uns in alltäglich dahin plätschernden Lebenssituationen passiert. Und es ist etwas Gutes, was die Kinder in solchen Momenten intensiv erfahren: Meine Eltern sind stark und ruhig. Ich kann mich auf sie verlassen. Obwohl ich das in der Tiefe meiner Seele ahne und froh darüber bin, kann ich ihnen zugleich auch meine Wut und meinen Frust zeigen.

Ich weiß, dass sie mir helfen werden, damit umzugehen. Ist das nicht wunderbar? Eltern sind für ihr Kind da, als Anker und Sparringspartner fürs Leben. Voll wilder Wut boxt es – in diesem Bild – auf seine Eltern ein. Diese wehren die Schläge mit Handpolstern ab und dulden keine boshaften Hiebe unter die Gürtellinie. Sie sind der „Trainer" und entscheiden über den Verlauf dieser Übung, über nötige Pausen, das Ende und die Auswertung.

Noch einmal zum „Schmieren": Wir alle – Eltern, Grundschullehrer, Fachlehrer – hätten rechtzeitiger sagen müssen: Wir akzeptieren das nicht! Jetzt ist Schluss mit der Geduld, jetzt kommst du nicht mehr mit mal ein, zwei Zeilen schreiben davon. Den nächsten geschmierten Text schreibst du noch einmal ganz ab und zwar solange, bis er ordentlich ist – im Sinne unserer Vorgaben (siehe die Punkte oben).

DAS TERRASSENPRINZIP. Wer etwas durchsetzen will, sollte nicht zu viel auf einmal verlangen, sondern nach dem „Terrassenprinzip" chinesischer Bergbauern vorgehen. Nicht auf einmal geht es bergauf, sondern gestuft. Erst müssen sich alle auf einer neu erreichten „Terrasse" einrichten und sich an ihr erfreuen können. Dann geht es weiter nach oben.

Das vielleicht auch in dem Sinne, dass zunächst konzentriert nur auf die Fächer geachtet wird, wo das Kind versetzungsgefährdet ist oder eine besonders gute Leistung, ein Sehr gut, anstrebt. „Leuchttürme" sind auch in der Erziehungspolitik ein guter Anfang, wirksamer als überall nur eine winzige, fast nicht sichtbare Verbesserung.

Ein kluger Erzieher fordert „im Prinzip"gerade so viel, wie das Kind schaffen kann, wenn es sich anstrengt. Ist ein guter Rhythmus zwischen Anspannung und Entspannung, zwischen Konsequenz und Lockerheit, zwischen Regeln und Ausnahmen gewahrt und der Zusammenhalt der Erziehenden, sollte es aber auch nicht weniger sein.

„Damit sich deine Mutter nicht alleine mit dir herumärgern muss, kontrolliere ich den Hefter in meinem Fach. Hältst du dich nicht an das Vereinbarte, bleibst du am Freitagnachmittag in der Schule, solange bis du das gründlich nachgeholt hast", könnte der Lehrer die Eltern unterstützen. Das Kind muss genau spüren, dass sich die wichtigsten Menschen, die für es verantwortlich sind, an dieser Stelle absolut einig sind.

Wenn dann noch die Großeltern mitmachen, nicht als strenge Kontrolleure, sondern einfach als liebevolle Mitmenschen, die mit hohem Interesse Anteil nehmen an den Kämpfen ihrer „Großkinder" – wie die Schweizer sagen –, dann wird das klappen. „Alle auf die gleiche Stelle" – das ist nicht unfair, sondern hilft nach dem Prinzip „kurz und schmerzlos", Nötiges so schnell wie möglich zu regeln. Dieses Beispiel ist noch einmal eine gute Gelegenheit zu erklären, worin der Unterschied zwischen guter und schlechter Erpressung besteht: Die Realität ist die schlechte Erpressung aus Erziehungsverunsicherung und Überforderung heraus: Wenn du so weiter machst, bleibst du sitzen. Das ist selbst für 16-Jährige noch viel zu weit weg und viel zu abstrakt. Außerdem werden sie dadurch als Menschen in Frage gestellt: „Ich bin zu blöd für dieses Leben".

Diese Strafe ist in den meisten Fällen wirklich wenig hilfreich.* Wenn wir sie vermeiden wollen, müssen wir – verantwortliche Erziehende – das Recht zu konkreten Strafen haben, die kurzfristig spürbar sind und das Verhalten direkt steuern können.

* Es sei denn, Kind und Eltern sehen das „Sitzenbleiben“ gar nicht als Strafe, sondern als Lebenschance, Zeit in der allgemeinen Hektik zu gewinnen und nun noch einmal neu, in einem zweiten Anlauf zu richten, was in dem einen Jahr aus den verschiedensten Gründen nicht gelang. Wie destruktiv etwas, was uns passiert, auf uns wirkt, hängt auch davon ab, ob wir es annehmen und das Positive daran sehen können. Im Allgemeinen überwiegen aber die Nachteile der Wiederholung einer Klassenstufe.

„ACHT ZEILEN". Zum Beispiel in der Schule: Ich stehe nach wie vor zu den Strafarbeiten (8 Zeilen, 16 Zeilen), die ich meinen Schülern in der Paulus-Schule aufgegeben hatte. Wie Sie wissen, glaube ich an das rhythmische Schwingen als Prinzip des ganzen Lebens. Bloß nicht bei einem statischen mittleren Maß hängen bleiben (8. Gesetz), das ist der Tod, sichtbar als gerade Linie z.B. auf den Monitoren der Intensivtherapie.
So schwingt ein guter Unterricht, zumal wenn es 90-minütiger Blockunterricht ist, auch zwischen Phasen absoluter Konzentration – mucksmäuschen still zu sein – und lebhafter Diskussion in der Klasse oder in kleinen Gruppen, die auch schon mal etwas lauter werden können. Schüler müssen nicht immer „spuren“, das heißt ihrer sozialen Rolle spurtreu bleiben, um Unfälle als Geisterfahrer zu vermeiden, sie können und sollen sich auch mal entspannen und das nicht nur in den Pausen, sondern auch im Unterricht. Aber gerade deswegen muss der Lehrer genauso überzeugt auch Phasen absoluter Ruhe und Konzentration verlangen, in denen alle „eine Stecknadel fallen“ hören könnten.
Diese Phasen habe ich mit der erhobenen Hand angekündigt. Wer jetzt noch quatschte, wurde einmal ermahnt – der Ordnungsdienst macht einen Strich hinter dem Namen in einem speziellen Heft. Beim zweiten Mal gab es unweigerlich „8 Zeilen“, das heißt, der betreffende Schüler musste bis zum nächsten Tag zu seinem Verhalten schriftlich Stellung nehmen.
Aber er musste überhaupt nicht schreiben, was er dachte, ich lesen will. Er konnte sich in seinem Kurzaufsatz ganz ehrlich über meine Ungerechtigkeit, dass er ja „gar nichts gemacht“ hätte, dafür aber andere, die natürlich keine 8 Zeilen bekamen, aufregen. Hauptsache, der Text war in einer ordentlichen Form geschrieben und die Fehler wurden berichtigt. Ich habe dann mit stoischer Geduld mit kurzen Kommentaren und Gesprächen hinterher immer wieder versucht, das Denken der Schüler auf die eigenen Anteile an diesem Problem zu richten. Wenn es solche Möglichkeiten der Bestrafung nicht gibt, einfach und knapp wie eine – zu Recht verbotene –

„Ordnungsschelle“, besteht doch die Gefahr, dass Lehrer mit den verbliebenen, rein symbolischen Maßnahmen dem ewigen Gerede und Diskutieren aus lauter Frustration und Verzweiflung immer beleidigender werden.
Und das gibt es in deutschen Klassenzimmern nicht wenig, und zwar gegenseitig. Lehrer: „Du bist doch ein richtiger Trottel!“, Schüler: „Schauen Sie doch mal in den Spiegel!“ So gesehen, können Strafen einen Beitrag zur Psychohygiene leisten. Auf jeden Fall führen 8 Zeilen – oder 16 bei einer weiteren Verweigerung in der Konzentrationsphase – Stellungnahme zu einem störenden Verhalten zu einer geistigen Auseinandersetzung damit.
Je intimer und vertrauter eine Menschengruppe ist, also z.B. die Familie, desto künstlicher ist diese Maßnahme allerdings auch, jedenfalls in dieser formalisierten Weise (8, 16 Zeilen). Die schriftliche Vorbereitung auf ein Konfliktgespräch kann aber auch dort sinnvoll sein. Dann ist es in dem Sinne aber keine Strafe mehr.
Sie sehen, die Übergänge sind fließend, und wir sollten auch gar nicht so viel über Worte streiten, als uns darüber im Klaren sein, dass erzieherische Interventionen so praktisch und konkret wie möglich sein sollen (3. Gesetz), dass sie ein Ende brauchen, das einen Neuanfang ermöglicht (4. Gesetz) und dass sie äußerlich immer wieder trainiert werden müssen, so lange, bis sie innerlich zu Eigen-Schaften werden und in Fleisch und Blut übergehen (7. Gesetz).
Ich habe mir bei den „8 Zeilen“ zu viel an schlampiger Form bieten lassen. Wenn Lehrer eine solche Maßnahme ergreifen, dann müssen sie sich ganz einig sein, sich mit den Eltern darüber abgestimmt haben und dann entschlossen gemeinsam ihre minimalen Qualitätsstandards (Form) absichern. Ich konnte mich damit gegenüber meinen Kollegen auch nicht so richtig durchsetzen. Manche waren – und sind – so gute „alte Unterrichtshasen“, dass sie die „8 Zeilen“ gar nicht nötig hatten. Bevor eine Unruhe aufkommen konnte, hatten sie als Meister der Didaktik den Ablauf des Unterrichts schon wieder so geändert, dass das Interesse und die Aufmerksamkeit der Schüler wieder neu aufflammten. Das heißt, sie haben sich didaktisch perfekt an die Aufmerksamkeitsdefizite ihrer Schüler angepasst.
Ich behaupte, das ist gar nicht gut, auch wenn es erst einmal gut „rüberkommt“. Das ist die gleiche Kunstfertigkeit, die Eltern entwickeln, um

sich mit ihren sprachfaulen Kindern zu verständigen. Die sagen z.B. noch als Fünfjährige nur „Tinken“, wie Michael Winterhoff das beschreibt, anstatt: „Kann ich bitte etwas zu trinken haben?“, und prompt und sofort erhalten sie das Gewünschte. Wozu sollen sie da eigentlich noch lernen, sich mit richtigen Worten in ganzen Sätzen auszudrücken?
Und wie sollen Schüler lernen, die Unfähigkeit eines Partners, rechtzeitig neu interessant zu sein, auszuhalten und zu überbrücken, wenn sie das aufgrund perfekter Unterrichtsdidaktik in der Schule nicht trainieren müssen durften? Es gibt noch genug schlechte Lehrer? Ja, aber bei denen steigen sie einfach aus mit ihrer Aufmerksamkeit.
Vielleicht habe ich jetzt einmal eine Stelle erwischt, wo doch ein gutes Mittelmaß erforderlich ist? Wahrscheinlich. Oder sollen Schüler sogar lernen, einen grottenschlechten Unterricht auszuhalten? Der Britische Lehrerverband behauptet: Der Unterricht soll ruhig mal langweilig sein, an der einen oder anderen Stelle. Dem stimme ich aus den genannten Gründen zu und dafür brauchen Lehrer den Mut zu „8 Zeilen“.

DEM QUOTENDRUCK STANDHALTEN. In der Realität findet ja zwischen den Lehrern sowieso ein unbewusster Wettbewerb statt, dem „Quotendruck“ der Zustimmung durch das Publikum – den Schülern – folgend. Jeder Lehrer möchte beliebt sein, möchte, dass sich die Schüler auf seinen Unterricht freuen.
Nun kommt noch die Internetbewertung dazu und selbst ein anerkannter Lehrer könnte sich fühlen wie Thomas Gottschalk, der den „Kollegen Bohlen“ in seinem Nacken spürt. Gottschalk meint, öffentlich-rechtliche Medien sollten sich nicht so sehr diesem Druck beugen und auch dann etwas länger im Programm halten, wenn es vorläufig (noch) nicht beliebt bei der Masse der Zuschauer ist.
Das gilt für Schulen erst recht. Schulen brauchen eine große Ehrlichkeit und Offenheit beim gegenseitigen Benennen und Beschreiben von Stärken und Schwächen. Dazu gehören auch Rückmeldungen der Schüler über ihre Lehrer, solange sie von der Form her höflich und respektvoll sind. Aber das ist wie in der Familie. Das geht nur diese Familie etwas an, wenn die Tochter den Papa kritisiert und keinen voyeuristischen Nachbarn, der sich über Web-Kameras einschleichen will oder über Internetseiten etwas über die Beliebt- oder Unbeliebtheit der Menschen dieser Gemeinschaft erfahren möchte.

Wäre dies ein Recht der Öffentlichkeit, dann müssten Lehrer auch Rangreihen kooperativer oder nicht kooperativer Eltern ins Internet stellen dürfen oder Rangreihen über das Benehmen oder Nichtbenehmen ihrer Schüler.

NACHARBEITEN AM FREITAGNACHMITTAG. An jedem Freitagnachmittag finden sich die Schüler, die sich etwas zuschulden kommen lassen haben, bei zwei Lehrern vom Dienst ein. (Für die Lehrer ist es eben keine Strafe, weil jeder mal langfristig „dran" ist und sich nicht ärgern muss, dass er heute Nachmittag für diese spezielle Aufgabe in der Schule bleiben muss.) Wenn Eltern das für einen Grund halten, den Rechtsanwalt zu bemühen, würde ich versuchen, ihnen in Ruhe zu erklären, dass sie damit ihrem Kind massiv schaden.

Sehen sie das nicht ein, ist es möglicherweise sinnvoll, bei diesem Schüler auf konkrete Strafen zu verzichten. Aber dann muss sich die Gesellschaft, einschließlich der Schulbehörden, absolut einig darüber sein, dass das Lehrerkollegium das Recht hat, ihn der Schule zu verweisen, wenn er sich nachhaltig verweigert oder Mitschüler am Lernen hindert.

„Nachsitzen" am Freitag in der Schule – das ist ein Beispiel für eine gute Strafe. Sie ist wirksam und kommt trotzdem ohne jede Demütigung aus. Sie ist einfach, sachlich und logisch: Du hast das nicht erledigt, also holst du es in deiner Freizeit nach und ob es jetzt gut ist, entscheidet nicht der Postbote und auch nicht der Ingenieur, sondern der Fachmann für Unterricht, dein Lehrer. Und kein anderer. Da ist nicht viel mit Aufmerksamkeitsgewinn, da gibt es keine ewigen Gesprächsrunden mit allen möglichen Sozialpädagogen und Psychologen, wo die „Rabauken" ja erst einmal lernen, wie wichtig und bedeutend sie mit ihrem falschen Verhalten werden können.

Auch hier gilt wieder: Alles hat zwei Seiten (mindestens). Wir sollten ihre Spannung erhalten und sie nicht sicherheitshalber auf ein laues Mittelmaß schrumpfen (8. Gesetz): Schüler und Eltern müssen unbedingt das Recht haben, sich zu beschweren, beim Vertrauenslehrer zum Beispiel, den die Schüler geheim gewählt haben, oder bei der Schulleitung. Aber erst einmal gilt, was der jetzt zuständige Lehrer sagt. Auch Schulgerichte mit Lehrern und geheim gewählten Eltern- und Schülervertretern wären eine Option. Die klagenden Schüler müssen ihr Anliegen aber genau und ordentlich handschriftlich beschreiben und begründen, schließlich gehen sie auf eine „Anstalt", deren Zweck es ist, gerade so etwas zu lernen. Kein Hahn kräht nach den vietnamesischen Kindern, die statistisch nachweisbar in den deutschen Schulen deutlich bessere Leistungen erreichen als die Deutschen selbst. Aber was für ein Aufstand wird zuweilen gemacht wegen der angeblichen Benachteiligung anderer Ausländer an deutschen Schulen. Diesen und ihren Eltern kann ich das gar nicht übel nehmen, wenn die deutsche Politik so dumm ist, dieses Spiel mitzuspielen.

Derjenige, der versucht hat, mit Faulheit und Oberflächlichkeit durchs Schulleben zu kommen, lernt durch das hohe Maß der praktischen Bedeutsamkeit dieser Verhaltenskritik für ihn – der Freitagnachmittag ist futsch für das, was er eigentlich machen wollte – fürs ganze Leben direkt und kurzfristig: Das lohnt sich nicht, ich muss meine Aufgaben sowieso erledigen und dann aber zu Zeiten, die ich mir nicht ausgesucht habe.

Das ist zugleich ein wichtiges Signal an alle Schüler, auch an die, die noch nicht erwischt wurden: Hier geht es nicht nach Lust und Laune, hier musst du ein Minimum an Pflichten erledigen, sonst kriegst du konkret Ärger und nicht nur irgendeine abstrakte Zahl vom Ende der Zensurenskala ins Klassenbuch eingetragen.

Die Lehrer fühlen sich nicht so ohnmächtig, das erhöht ihre gute Laune, die steckt die Schüler an – Wahnsinn, wie billig die Verbesserung des Unterrichtseffekts in der Schule sein könnte. Unter der Bedingung natürlich, dass die Lehrer auch die anderen hier dargestellten Gesetze der Erziehung praktizieren, besonders die erstgenannten.

SUSPENDIERUNG VOM UNTERRICHT: ARBEITEN MÜSSEN ALLEIN ZU HAUSE. Mir fällt auf, dass Lehrer bei weitem nicht die Strafmöglichkeiten ausschöpfen, die sie haben. Mir selbst ging das auch so. In sensiblen Menschen steckt offenbar von vornherein eine gewisse Konfrontationsscheu. Aber eigentlich ist es unprofessionell und erhöht nur die Leiden auf allen Seiten. Ein ausgerenktes Körperteil muss vom Fachmann mit einem mutigen Ruck eingerenkt werden, mehrere zaghafte Ansätze machen alles nur schlimmer.

Wir haben z.B. nicht einmal einen Schüler vom Unterricht suspendiert (eine bis vier Wochen) mit der Verpflichtung, sich an jedem Morgen Aufgaben abzuholen und ihre Erledigung an jedem Mittag zur Prüfung vorzulegen, einschließlich der Möglichkeit, nötige Nacharbeiten auferlegt zu bekommen. Das wäre aber angebracht gewesen. Und diese Möglichkeit sah und sieht unsere Schulordnung ebenso vor wie das sächsische Schulgesetz. Ich hätte so „ruck-zuck“ in die Offensive kommen können. Und das wäre gerade für den Schüler gut gewesen, der sich auf einem falschen Weg befindet. Er braucht ganz eindeutige Signale, ein klares Stopp und kein sanftes Flüstern am Wegesrand.

Ein so bestrafter Schüler ist zwangsläufig beeindruckt, auf ganz praktische Weise – auch seine Eltern, die sich jetzt mit ihm zu Hause möglicherweise länger auseinandersetzen müssen. Die Motivation, ein neues, gutes Verhalten zu lernen, ist dadurch wesentlich höher, als wenn der 10. Ermahnung noch eine 11. und 12. folgt, wenn, ja wenn er sich prinzipiell – trotz alledem – immer noch anerkannt und zugehörig, in der Tiefe der Beziehung sogar gemocht fühlt.

Symbolische „Strafen“ ohne praktische Folgen wie Klassenleiterverweis setzen zu ihrem Wirksamwerden genau die innere Einsicht beim Schüler voraus, deren Fehlen ja gerade der Grund für diesen Verweis ist. Da beißt sich die Mieze in ihren Schwanz. Deshalb plädiere ich unter der Bedingung, dass Lehrer ihre Schüler und ihren Beruf mögen (1.–3. Gesetz) und dass sie kollegial sind, willig und fähig, sich gegenseitig zu beraten (10. und 11. Gesetz), für den Mut zu Strafen im wirklichen Sinne (verbale Zurückweisung plus praktische Folge). Dann werden Gespräche auch plötzlich wieder effektiv, sie schweben nicht mehr frei im luftleeren – symbolischen – Raum, sondern haben Bodenhaftung im wirklichen Leben.

Wenn Lehrer von Strafen im eigentlichen Sinn konsequenter Gebrauch machen würden, müssten sie nicht mehr so viel ermahnen und tadeln. Das ist paradox. Aber eine wirksame Strafe ohne Meckern ist viel besser als ewiges Meckern ohne Strafe. Die Lehrer sind nur zu verunsichert, konsequent auch in dieser Beziehung zu sein. Sie wollen das Verhältnis zu den Eltern nicht belasten. Hieran sehen Sie wieder, dass das 8. Gesetz stimmt: Wer sich nicht richtig vertraut, muss sich dann auch beim Strengen an ein vorsichtiges und lasches Mittelmaß halten.

STRAFEN KÖNNEN DIE ERZIEHUNGSPARTNERSCHAFT ZWISCHEN ELTERN UND SCHULE SOGAR STÄRKEN. „Nachsitzen“ in der Schule – das Nacharbeiten versäumter Aufgaben oder das schriftliche Stellungnehmen zu einem störenden Verhalten – muss das Verhältnis zu den Eltern nicht belasten, sondern kann sogar das Vertrauen, die Erziehungspartnerschaft zwischen Eltern und Lehrern stärken. Viele Eltern, wahrscheinlich die

meisten, wollen konsequent sein und die Lehrer unterstützen, wie sie sich auch Unterstützung von diesen erhoffen. Sie fühlen sich oft aber einfach überfordert, wenn sie zu Hause etwas für die Schule durchsetzen sollen, von dem sie gar nicht genau wissen, wann und wie es gut erledigt ist.
Sie geben die Verantwortung nicht einfach an die Schule ab, wenn sie ihrem Kind klipp und klar sagen: Ich unterstütze deinen Lehrer, weil ich ihn kenne und ihm vertraue. Wenn du meinst, es war alles ganz anders, als er sagt, rufe ich ihn an oder gehe morgen in die Schule und kläre das. Das sollten Eltern ruhig machen, wenn sie es nicht mit Vorurteilen tun, weil sie sich z.B. durch den Lehrer persönlich angegriffen fühlen – das Kind als Stellvertreter von Mutter oder Vater (Kapitel 6.2.). Dadurch werden Lehrer und Eltern lernen, sich in Zukunft noch besser zu verstehen und zu vertrauen: „Und so lange, bis ich weiß, dass dein Lehrer im Unrecht ist, hast du zu erledigen, was er sagt, ohne Diskussion. Du bleibst morgen nach der Schule da und er entscheidet, wann du fertig bist und kein anderer. Du legst mir dann vor, was du erledigen musstest, damit ich es unterschreiben kann."
Durch eine solche Unterstützung des Lehrers werden Eltern ihrer erzieherischen Verantwortung besser gerecht, als wenn sie alles selbst managen wollen, und der Lehrer wird sich dann gern revanchieren und die Mutter unterstützen, wenn es zu Hause Probleme gibt. Er wird auch gern dieses Kind unterstützen, falls es Schwierigkeiten mit anderen in der Schule hat, denn er durfte ja direkt an seiner Erziehung teilhaben. Für alles, was wir „gestalten" dürfen, fühlen wir uns von vornherein mehr verantwortlich, als wenn wir reine Beobachter, als Lehrer nur Wissensvermittler sind. (Für ein Fahrrad z.B., das ich repariert habe, fühle ich mich auch viel mehr verantwortlich als für eins, das ich ab und zu nur einmal sehe.)

ÜBERNIMM DIE VERANTWORTUNG FÜR DEIN VERHALTEN! Gerade diese Fähigkeit zu stärken, sind Strafen ein gutes pädagogisches Mittel. Ich meine jetzt noch nicht einmal, dass die Schüler in ihrer Stellungnahme die Schuld nicht gewohnheitsmäßig, wie das wir Menschen nun einmal tun, auf die anderen abwälzen, sondern zuerst über das Eigene nachdenken sollen, das zur Störung des Unterrichts geführt hat. Wie gesagt, sie müssen nicht schreiben, was sie denken, der Lehrer lesen will. Dieser wird allerdings jede Gelegenheit nutzen, das Denken des Schülers doch noch darauf zu richten.

Ich meine: Die Kinder selbst haben ihren Eltern mitzuteilen, wenn sie 16 Zeilen schreiben oder am Freitag in der Schule bleiben müssen, zumindest ab der 5. Klasse. („8 Zeilen“ haben wir unter uns erledigt. Davon mussten sie die Eltern nicht unbedingt informieren.)
Wenn du vergessen hast, deinen Eltern mitzuteilen, dass du am Freitagnachmittag erst später nach Hause kommen kannst, müssen diese in der Schule anrufen, um zu erfahren, was du ihnen hättest selbst sagen sollen. Du erfährst dadurch noch einmal nachdrücklich: Ich muss die Verantwortung für die Folgen dessen, was ich getan habe, selbst übernehmen – eine ganz wichtige Übung fürs Leben. Wird diese Maßnahme kurzfristig am Freitag selbst erforderlich, muss das Kind seine Eltern anrufen und wenn es diese nicht erreichen kann, die Strafarbeit übers Wochenende zu Hause erledigen.
Entscheidend ist, dass der, der sich absichtlich verweigert hat, jetzt selbst die Initiative ergreifen muss, das wieder auszugleichen. Dieses Drumherum, daran zu denken, die Eltern selbst zu informieren oder sie anzurufen, erhöht die Wirkung der Strafe, weil es deutlich macht: Den Stress, den du machst, kannst du nicht auf andere abwälzen. Deine Fehler sind kein Weltuntergang, aber du stehst dafür gerade, du und kein anderer. So kommen wir in die pädagogische Offensive, die ich meine.

FINDEN SIE MICH JETZT ZU STRENG? Dann müssten Sie mich erleben. Ich unterscheide genau zwischen dem, was einem Schüler aus Versehen unterlaufen ist und dem, was er absichtlich riskiert hat aus Faulheit oder Egoismus. Und wenn ein ganzes Tablett herunterfällt, darüber kann ich mich nicht aufregen, wenn es im Eifer des Gefechts, für die Schulgemeinschaft etwas Gutes zu tun, geschah. Und wenn ein Schüler beim Rezitieren eines Gedichts vor Aufregung stecken bleibt, erhält er eine neue Chance und er kann sich von vornherein eine Souffleuse unter seinen Mitschülern aussuchen, die ihm im Notfall weiterhilft.
Aber sehr aufregen kann ich mich über einen, der sich nicht bemüht, manchmal sogar nicht ein bisschen – da könnte ich ausflippen – oder sich auf Kosten der anderen drückt, indem er eine fest verabredete Pflicht einfach schwänzt, weil das so bequemer für ihn ist. Dieser Typ Mensch braucht Strafe – wohldosiert auf das Vergehen abgestimmt. Dies ist auch in einem gewissen Rahmen Selbstschutz: So können wir erreichen, dass wir ihm nicht mehr böse sein müssen.

Michael Winterhoff ist skeptisch gegenüber Strafen. Aber er sagt auch: „Ihre Funktion beim Abbau von Schuldgefühlen darf nicht unterschätzt werden; in extremen Situationen, d.h. also bei sehr deutlichem Fehlverhalten wie Lügen oder Klauen, dient sie letztendlich der Läuterung, allerdings auch frühestens ab einem Alter von sechs Jahren. Sie hat dann vor allem Symbolcharakter für das Kind, die Strafe bedeutet ihm: Hier ist absolut Schluss, dieses Verhalten kann nicht toleriert werden."

Wenn ein Schüler sich entschuldigt und sagt, dass er etwas vergessen oder nicht geschafft hat, habe ich dafür immer Verständnis. Es darf nur nicht an jedem Tag wieder neu passieren. Nichts funktioniert einhundertprozentig, Schüler nicht und auch nicht Lehrer. Einen Schüler, der selbst über einen Fehler oder ein Versagen verzweifelt ist, würde ich niemals bestrafen, ich würde ihn trösten, versuchen, ihn zu ermutigen. Aber einen, dem es egal ist, ob er nun das Nötige schafft oder nicht, den schon. Und wenn er nur so tut, als ob es ihm egal wäre, dann hilft ihm die Strafe auch, sich nämlich dieses „Getue" abzugewöhnen. Sie motiviert ihn bestimmt mehr, sich aufzuraffen, als folgenloses ins Gewissen reden.

Allerdings: Auch einfühlsame Gespräche, gekoppelt mit wirklichem Zuhören, sind nötig, um Motivationsblockaden aufzulösen. Das widerspricht aber gar nicht dem pädagogischen Mittel der Strafe. Im Gegenteil: Plötzlich ist auch ein Verweigerer bereit, sich auf ein ehrliches und intensives Gespräch einzulassen, wenn für ihn dadurch die Möglichkeit entsteht, eine drohende Strafe zu vermeiden oder zu mildern.

HÄUSLICHE STRAFEN. Strafen sind desto leichter möglich, je distanzierter Menschen in großen Gruppen sind. Ein Fußballtrainer kann z.B. ohne weiteres sagen: „Zehn Liegestütze!" Das geht vielleicht gerade noch in einer Großfamilie, wenn es beim Spielen alle Kinder mal trifft, ist aber schwierig, wenn das ein Alleinerziehender seinem Kind auferlegen möchte. Das heißt, zu Hause in der Familie ist es schwieriger, konstruktiv zu strafen als in der Schule oder im Sportverein. Durch die höhere Nähe in der Familie gibt es dafür aber mehr andere Einflussmöglichkeiten: ein Blick, eine Berührung.

Aber manchmal muss auch in der Familie ein Stück Distanz her und da können Strafen helfen: Schluss mit der Diskussion! Bevor das nicht erledigt ist, gibt es weder Fernsehen noch Playstation oder Computer! Eine Mutter / ein Vater – ein Wort und in das emotionale Wirrwarr kommen

Ruhe und Ordnung. Oder: Verschwinde auf dein Zimmer, wenn du dich beruhigt hast, kannst du wiederkommen! Dies empfiehlt Michael Winterhoff als eine Art Königsweg der Deeskalation und des „Herunterkommens", so dass Eltern weder inkonsequent werden müssen noch in der Gefahr sind, sich in einem Streit mit dem Kind in diesem Moment und an diesem Ort immer mehr hochzuschaukeln.

Je nach dem, je nach Situation und Kind – es sollte dann zumindest zehn Jahre alt sein –, kann auch folgende Verschärfung hinzukommen: Ich möchte dann von dir eine Erklärung für dein Verhalten. Kein dahingenuscheltes „Entschuldigung!". Erklär es mir richtig! Ich möchte dich verstehen! Mach dir lieber ein paar Notizen! Sonst schicke ich dich wieder hoch und du schreibst erst einmal eine Seite!

Schulmaterialien schon wieder vergessen! Als Folge reicht vorläufig die elterliche „Schallplatte" und dann das nochmalige gemeinsame Üben des Taschepackens. Wiederholt sich der gleiche Fehler trotzdem kurzfristig, ist es logisch, dass das Kind allein damit überfordert ist und nun der elterlichen Kontrolle bedarf. Es muss die Mappe z.B. vor den folgenden fünf Schultagen unaufgefordert nach dem Abendbrot vorzeigen.

„Vergisst" es, selbst daran zu denken (Eigenverantwortung!), wird diese Zeit um zwei Tage verlängert. Die Kontrolle nehmen Sie bitte nicht missmutig oder genervt vor, sondern in der Art eines sportlichen Spiels. Sie lassen sich den Stundenplan im Hausaufgabenheft zeigen und sagen z.B. „Muttersprache", „Lesebuch", „Mathehefter" oder auch „Bleistiftanspitzer". Das Kind muss das möglichst schnell heraussuchen und Ihnen zeigen. Drei, vier Stichproben reichen, denke ich.

Das Kind putzt die Zähne nicht. Zunächst freundliche Erinnerung, dann Ermahnung. Nutzt das alles nichts, muss es für ein paar Tage die Zähne vor Ihren Augen putzen, eventuell, damit die Mutter ihre Hausarbeit nicht unterbrechen muss, in der Küche mit Hilfe einer Schüssel, die es hinterher natürlich wieder säubern und wegstellen muss.

Entscheidend ist – ich kann es nicht oft genug sagen –, dass die Kinder lernen, die Verantwortung für ihr Verhalten selbst zu übernehmen, und zwar mit allem Drumherum, damit sie merken, dass es doch besser und effektiver ist, das Nötige gleich richtig zu tun.

ZUSAMMENFASSUNG. Strafen sollen pädagogisch kontrolliert und gezielt eine zu bewältigende Angst erzeugen, stellvertretend für die wirklichen

Gefahren des Lebens. Sie sollen das rechtzeitig tun, damit junge Heißsporne abgeschreckt sind und nicht erst aus realem Schaden klug werden müssen, dessen Folgen sie außerdem nicht oder nur teilweise bewältigen könnten. Pädagogische Strafen sollen das Leid, gedämpft und sozusagen „entgratet" vorwegnehmen, das die Kinder verletzend und mit voller Wucht treffen würde, wenn sie ihr Verhalten nicht ändern könnten.

Ich fürchte, ich muss den Satz wagen: Wer das Leben und seine Kinder liebt, muss auch den Mut haben, sie zu bestrafen, den Mut, ihnen kontrolliert Leid zuzufügen, damit sie rechtzeitig Abwehrkräfte gegen die Versuchungen eines falschen Verhaltens entwickeln können, dessen Folgen sie ernsthaft und irreparabel verletzen würden.

Der Kreis schließt sich (siehe die Teilüberschrift des 12. Gesetzes): Damit der Lebensvogel gut fliegen kann, braucht er beide Flügel: Anerkennung, Lob und Belohnung ebenso wie Kritik, Tadel und Strafe. Der erstgenannte Flügel ist allerdings das, was bei der Mehrheit der Menschen die rechte Hand ist: Er muss stärker sein als der zweite Flügel.

Eltern und andere Erziehende sollen das richtige Verhalten immer wieder einfordern und bestärken und sich nicht davon entmutigen lassen, wenn die kindlichen Abweichungen vorläufig immer noch nicht aufhören oder sich vorübergehend sogar verstärken. Und sie müssen auch das falsche Verhalten „maßregeln". Kinder brauchen zuerst das klare Erleben und Verstehen der Maße ihrer Welt, bevor sie sie selbst ein klein wenig besser machen können.

Aber Strafen müssen ein absehbares Ende haben. Das Kind braucht das Gefühl, diese Durststrecke überwinden zu können. Acht bis 16 Zeilen zu schreiben kann stressig sein, ist aber ab der 5. Klasse durchaus machbar. Das Gleiche gilt für die Verpflichtung, eine bis drei Stunden am Freitagnachmittag länger in der Schule zu bleiben. Auch ein paar Tage Fernseh- oder Playstationverbot sind zu schaffen, sogar, wenn es sein muss, vier Wochen Suspendierung von der Schule.

Was Kinder nicht bewältigen können, ist das Gefühl, als Mensch abgelehnt zu werden und nicht dazuzugehören und das vielleicht sogar noch auf unbestimmte Zeit. Beleidigtsein, das Kind zu ignorieren, macht alles nur schlimmer – obwohl gerade dann keine Spuren der Gewalt zu sehen sind –, treibt die Kinder in die Resignation, in ein schulterzuckendes „Na und?": Wenn ich so schlecht bin, dann brauche ich mich ja gar nicht zu bemühen, dann ist ja sowieso alles egal und ich kann noch schlimmer werden.

Aber auch bei den „guten“ Strafen, bei denen das Kind hinsichtlich seines Handelns gemaßregelt wird und nicht als Mensch, als Sohn oder Tochter, und die einen Anfang und Ende haben, ist es nicht so leicht, das richtige Maß zu finden. Die Schraube immer noch weiter anzuziehen, macht sie nicht fester, sondern überdreht sie letztendlich. Sie von vornherein locker zu lassen, ist genauso wenig hilfreich.

Die pädagogische Kunst beim Bestrafen besteht darin, ein absichtliches Fehlverhalten, das ein Kind bewusst für seine Lust oder seine Bequemlichkeit riskiert hat (bei Fehlern aus Versehen reicht ein freundlich-ernstes Gespräch), mit abschreckenden Nachteilen zu verbinden und doch zugleich den Blick nach vorn zu ermöglichen.

Das Kind soll mit Hilfe der Strafe lernen, den „toten Punkt“ eines falschen Verhaltens zu überwinden. Das müssen ihm elterliche Personen vormachen, indem sie eigene Fehler zugeben und indem sie zeigen können: Ja, ich war richtig sauer und enttäuscht, aber ich bleibe nicht darin stecken. Ich kann dir wieder voll und ganz vertrauen, nachdem du deine Strafe angenommen und erledigt hast. Strafe ohne Verzeihen ist sinnlos. Da darf dann nichts überbleiben, damit muss der Fehler restlos abgegolten sein.

Die Eltern sind die Starken in der Familie, die Lehrer sind dies in der Schule. Nur wer stark ist, kann großzügig sein und verzeihen, ohne einen Rest von Bitterkeit. Und nur er kann das Prinzip praktizieren: Bestraft und geahndet, heißt abgehakt. Lieber eine wirksame passende Strafe und dann wieder freundlich neu vertrauen, so als wenn der Fehler nie passiert wäre, als ewiges Genörgele und ewiger Missmut. (Es tut ja auch nicht ewig weh, wenn wir hingefallen sind und der Kater hält auch nicht ewig an, wenn wir einmal zu viel getrunken haben.)

Der Großmut muss immer bleiben bei der Erziehung, manchmal auch in folgender Hinsicht: Wenn Kinder ein falsches Verhalten inzwischen von sich aus ehrlich bereuen, kann die Strafe natürlich auch erlassen oder vorfristig beendet werden, denn ihr Ziel ist ja schon erreicht. Das darf aber keinesfalls von vornherein sicher sein.

So können Strafen sogar noch dem Lebensoptimismus dienen und dem Vertrauen, dass Menschen in der Lage sind, Probleme zusammen zu lösen. Eltern und Lehrer können ruhig auch mit ihren Kindern darüber diskutieren, ob eine Strafe nötig ist oder nicht und wenn ja, worin sie bestehen soll. Aber die Entscheidung treffen sie, eventuell in Abstimmung mit anderen Erziehenden, alleine.

EIN LETZTES WORT: Bitte benutzen Sie all das, was hier in diesem Buch steht, als Gedankenfutter. Diskutieren Sie mit Ihren Partnern darüber. Erziehung ist Beziehung – eine ganz persönliche Sache. Suchen Sie Ihren eigenen Weg, der zu Ihnen und zu Ihrem Kind passt. Achten Sie auf Ihr Bauchgefühl. Und bitte, versuchen Sie erst gar nicht, perfekt zu sein – das gelingt sowieso nicht. Bleiben Sie zuversichtlich und lebensmutig – das ist das Wichtigste.

Ich wünsche Ihnen Erfolg.
Ralf Hickethier

AUTORENPORTRÄT

Dr. paed. habil. Ralf Hickethier, geboren 1951, hat drei erwachsene Söhne und zwei Enkeltöchter. Dem Lehrerstudium schloss sich ein dreijähriges Forschungsstudium auf dem Gebiet der Pädagogischen Psychologie an (1978: Dr. paed.). 1979 bis 1991 war er als wissenschaftlicher Mitarbeiter und Hochschuldozent (1990) für Allgemeine und Persönlichkeitspsychologie an der Pädagogischen Hochschule „Clara Zetkin" Leipzig (1987: Dr. sc. paed.) tätig. Ohne sich von der Pädagogik und der Psychologie der Erziehung abzuwenden, arbeitet er seit 1993 hauptsächlich als Verkehrspsychologe. Von 2009 bis 2010 war er zugleich Schulleiter der Paulus-Schule Königswartha.